SIMON &
SCHUSTER

LIBROS EN
ESPAÑOL

77 relatos para nutrir su espíritu y reconfortar su corazón

Kay Allenbaugh

Traducción en Español por Pilar Mascaró S.

LIBROS EN ESPAÑOL
Publicado por Simon & Schuster
New York London Toronto Sydney Singapore

Chocolate para el alma de la mujer

SIMON & SCHUSTER
LIBROS EN ESPAÑOL
Rockefeller Center
1230 Avenue of the Americas
New York, NY 10020

Diseño de Bonni Leon
PRODUCIDO POR K&N BOOKWORKS INC.

Hecho en los Estados Unidos de América
10 9 8 7 6 5 4 3 2 1

Datos de catalogación de la Biblioteca del Congreso:
puede solicitarse información.

ISBN 0-684-87083-5

*E*ste libro está dedicado

al recuerdo de mi madre,

cuyo espíritu juguetón,

amor incondicional y aliento

siguen bendiciéndome.

CONTENIDO

Introducción 13

I

Encontrar el amor en su debido lugar

II

Ayuda Divina

III

Intuición femenina

IV

Superar barreras

V

Valor para avanzar

VI

Encrucijadas

VII

Recorrer el camino

VIII

Sigue a tu pasión

IX
Otra manera de ser

X
Ternura y compasión

XI
Aprender a reírnos de nosotras mismas

INTRODUCCIÓN

L os relatos que nos inspiran son alimento para nuestra alma, elevan nuestro espíritu y alientan nuestro corazón. Nos ayudan a conocernos y a conocer la vida. Me honra que 68 dinámicas mujeres hayan compartido conmigo sus relatos preferidos en *Chocolate para el alma de la mujer*. Las autoras imparten conferencias sobre motivación, son guías espirituales, asesoras, terapeutas, autoras de libros de gran éxito y su obra ha tenido repercusiones en miles de personas a lo largo y ancho del país. ¿Quién mejor para compartir relatos inspiradores que las mujeres que han dedicado su carrera a animar y elevar a otras?

Los relatos de estas mujeres la conmoverán. La risa, las lágrimas y los momentos de reflexión brotarán cuando usted comparta la magia y los milagros, el momento oportuno y la introspección que estas autoras han experimentado. Algunos relatos la llevarán a pensar en sí misma, mientras que otros le darán el empujón que necesita para "tratar de alcanzar" el siguiente sueño de su existencia.

Los relatos verídicos de *Chocolate para el alma de la mujer* rinden tributo y celebran la verdadera esencia de la mujer: sabia, ingeniosa, valiente, fuerte, tierna, intuitiva, fuente de sustento y juguetona. ¡Usted se verá reflejada en muchas de estas experiencias… y le gustará lo que va a hallar! Descubra los hilos que compartimos todas las mujeres en nuestro viaje por la vida.

¿Por qué el título? Hay quienes son tal para cual. Las mujeres y el chocolate tienen un vínculo natural. Las mujeres saben que cuando las cosas no salen bien, el chocolate nos brinda consuelo, pues estimula en nuestro cuerpo la producción de endorfinas, las cuales "nos hacen sentir bien". Los relatos de *Chocolate para el alma de la mujer*, con el mismo poder rico y nutritivo del chocolate, enriquecerán su existencia, al mismo tiempo que alimentarán y nutrirán su alma.

Chocolate para el alma de la mujer ha sido un proyecto de inspiración divina, que empezó con el poderoso mensaje que recibí inesperadamente una mañana. Me estaba arreglando para iniciar el día, cuando sentí la presencia de una fuerza superior. Fue como si una voz me susurrara: "Escribe un libro que sea fuente de inspiración: *Mujeres valientes*". El mensaje captó mi atención y mi energía. Lo interpreté literalmente; no podía olvidarlo ni un instante. A partir de entonces, me he percatado de que para escribir el libro tuve que abordar cuestiones personales relacionadas con mi valentía individual.

El libro que llamé "Mujeres valientes" no fluyó como esperaba y mi ánimo empezó a flaquear. Me quedé atorada y empecé a dudar de mí misma. A fin de cuentas, ¡jamás había escrito un libro! ¿Quién me creía yo para emprender un proyecto como éste?

No fue sino hasta que me sinceré conmigo misma y le puse al libro un título que me encantó, y con el que me relacioné, cuando empezó a fluir sin esfuerzo. Después, me di cuenta de que había malinterpretado el mensaje original. No fue: "Escribe un libro que sea fuente de inspiración, *Mujeres valientes*", sino más bien: "Mujer valiente, escribe un libro que sea fuente de inspiración". ¡Esto cambió mucho las cosas! Descubrí que Dios estaba de mi parte y me confirmaba que, de hecho, soy una "mujer valiente". Siempre que empezaba a perder confianza, recordaba las palabras: "Si sabes bien quién camina a tu lado, ¿cómo puedes sentir miedo?".

Al escribir y recopilar estos relatos, que son fuente de inspiración, aprendí mucho acerca de mí misma. Espero que afecten su vida de manera tan positiva como afectaron la mía. Disfrute el sabor de cada relato de *Chocolate para el alma de la mujer* a medida que lo vaya explorando. Lea el libro de principio a fin o elija una página al azar, sabiendo que encontrará el relato perfecto que usted necesita leer.

I
ENCONTRAR EL AMOR
EN SU DEBIDO LUGAR

"Para poder atracar tu nave, primero debes construir un muelle."

—AUTOR DESCONOCIDO

CÓMO ENCONTRAR A LA PAREJA PERFECTA

Mi querida Abby siempre decía que ningún marido abandona a su esposa por otra mujer. El mío lo hizo y se casó con ella. De repente, me encontré soltera a los 38 años y busqué refugio en mi trabajo, el cual me ayudó a olvidar mi doloroso divorcio. Supongo que podría haber depositado mi interés en un compañero, pero durante tres años no me atrajo ninguno de los hombres que conocí.

Una amiga acababa de asistir a un taller llamado "Cómo encontrar a la pareja perfecta". Me explicó que si yo pensaba que no valía lo suficiente como para tener una pareja perfecta o que si no creía de todo corazón que ésta estaba por llegar, entonces no era el momento para iniciar el proceso.

Describió los pasos así: 1) Haz una lista larga de los atributos que te gustaría que tuviera tu pareja. 2) Estudia esa lista cuidadosamente y reduce la cantidad de cualidades a unas 15 que consideres esenciales en una pareja. 3) Repasa la lista otra vez, para verificar si incluiste todas las cualidades que buscas en otra persona. (Este es el momento para tu crecimiento personal.) 4) Crea un espacio abierto en tu existencia para que esta persona pueda entrar; para ello, libérate de las relaciones que son como un callejón sin salida y de las citas fortuitas. 5) Agradece a tu Poder Superior que tu pareja perfecta está por llegar. No es necesario que salgas a buscar a tu pareja ni que fuerces el proceso para que avance. Puedes ver cómo se van desenvolviendo las cosas, sin preocuparte por el resultado. Ahora puedes relajarte.

Estaba dispuesta a hacer mi lista. Incluí puntos como: un hombre espiritual, con sentido del humor, que aporte una diferencia en el mundo por lo que hace, que sea leal, un hombre que merezca mi respeto, que quiera vivir bien y sepa cuidar bien a su mujer.

Todos los días, en mi coche, mientras me dirigía al trabajo, sentía que la gracia me inundaba cuando manifestaba mi gratitud por la manera como el Espíritu estaba influyendo en mi existencia. Era un proceso de dentro hacia fuera, para saber quién era yo y qué quería hacer de mi existencia. Podía ver mi futuro y regocijarme. Además, en lugar de sólo buscar a mi pareja perfecta, empecé a hacer cambios en mí misma, para convertirme en el tipo de pareja que quería a cambio.

En esas fechas, estaba asistiendo, en el hospital donde trabajaba, a una clase sobre desarrollo en la administración. Eric, nuestro asesor, nos estaba instruyendo sobre la misión, la visión, los valores y el compañerismo. En verdad admiraba su trabajo. También lo admiraba por sus bellos rizos. No obstante, mis pensamientos no iban más allá porque, como mido casi 1.70 m, tenía en mente a un hombre más alto, tal vez de 1.80 m. Eric medía menos que yo.

Seguí encontrando mis valores personales y profesionales al asistir a las clases de Eric. En lo personal, decidí que jamás me volvería a meter en un matrimonio que careciera de una base espiritual o de valores compartidos.

También fui a ver a una psíquica, por pura diversión, que me preguntó: "¿Qué sentimientos le despiertan los hombres de baja estatura?" Le contesté: "¿Debo sentir algo por ellos?" Después, me dijo que el compañero de mi vida verdaderamente sabía cómo cuidar a su mujer, que era sumamente inteligente y que había algo relacionado con un club campestre. Dijo que nuestro noviazgo sería fácil.

Meses después, contraté a Eric (un fin de semana en la playa), para que diera un curso, dirigido a mi personal, sobre la formación de equipos. Ofreció llevarme en su coche, a efecto de que pudiéramos planificar las sesiones durante el camino. En nuestra conversación intrascendente, le pregunté que dónde quedaba su oficina, en una ciudad que estaba a dos horas de donde radicaba yo. Me dijo que su oficina estaba en la calle Country Club.

Ese fin de semana, nos vimos el uno al otro de otra manera. Había atracción, pero ninguno de los dos sabía qué hacer con ella. Me preguntó si quería que él me regresara a casa, ¡sólo tenía que desviarse cuatro horas de su camino!

Cuando nos dirigíamos hacia mi casa, hice acopio de valor y le dije que me gustaba; por fortuna, él sentía lo mismo por mí. Cuando Eric me acompañó a la puerta, se veía muy confundido. Más adelante me confesaría que en ese momento no sabía si darme un beso o la mano. Quedamos en un abrazo. Por ética, él no salía con sus clientes. Sin embargo, no sabía que la Divina Providencia estaba interviniendo. La semana siguiente, llamó a mi jefe para pedirle permiso de salir conmigo. Después de un año de noviazgo, durante el cual Eric se puso al corriente en lo que yo ya sabía, celebramos nuestra boda, en compañía de cien amigos y nuestros cuatro hijos, y bendijimos nuestra casa.

Si no hubiera pasado por el proceso de detectar mis propios valores y de vivir de acuerdo con ellos, no podría haberle pedido a otra persona que los tuviera. Acepto que olvidé incluir "un hombre alto" en mi lista para "encontrar mi pareja perfecta"; pero, de haberlo hecho, tal vez no me habría fijado en Eric, mi tipo ideal. Tal vez no sea muy alto, pero es un gigante en lo que se refiere a vivir su vida y en cuanto a cuidar a su mujer.

KAY ALLENBAUGH

"En estos momentos no aspiro a tener éxito en una relación. Simplemente estoy buscando algo que impida que me arroje al paso de un autobús. Tengo muy, pero muy pocas expectativas. Básicamente, sólo busco a un mamífero. Esa es mi línea de fondo y, en verdad, también en eso soy muy flexible."
—LUCILLE, EN LA PELÍCULA *BYE BYE LOVE*

INSOMNIO EN SAN FRANCISCO

A los 34 años, estaba cumpliendo la mayor parte de mis sueños de juventud. Tenía un buen departamento en San Francisco, un empleo interesante y magníficas amistades. Sin embargo, había algo con lo que había soñado y que todavía no lograba: enamorarme de alguien y casarme.

En la escuela preparatoria no había tenido novios y, en la universidad, muchas veces pedía a mis amigas que me consiguieran "citas a ciegas" para los fines de semana importantes. Incluso a los 20 años, cuando el asma, los barros y la gordura habían desaparecido —cuando de hecho estaba bastante bonita y bien dotada—, yo seguía sin verme a mí misma como alguien con quien otra persona quisiera compartir su vida. Echémosle la culpa a los traumas de infancia, grandes y pequeños. Infinidad de acontecimientos habían hecho mella en mi amor propio.

Sobra decir que no tenía conciencia de las ideas que, en mi interior, impedían que alcanzara el verdadero amor. De cuando en cuando se presentaba alguien con suficientes encantos como para hacer que me relajara, y me enamoraba perdidamente. Sin embargo, por lo general eran romances breves que encendían mis esperanzas y luego las apagaban.

Cuando emprendí mi carrera y empecé a trabajar al lado de muchos hombres fascinantes, empecé a disfrutar realmente de la amistad de los hombres; pero mi vida amorosa seguía consistiendo, básicamente, en una serie de relaciones aisladas y breves, con tramos solitarios en medio.

Rara vez me permitía soñar con la palabra que empieza con "H" mayúscula. Corrían los años ochenta, cuando prevalecía una fobia contra el compromiso, cuando era mucho pedir que una relación monógama durara hasta la Navidad. Entonces, salió el número de *Newsweek* que contenía un artículo sobre la escasez de hombres, que decía que una mujer con carrera y más de treinta años tenía tantas probabilidades de casarse como de que la mataran los terroristas.

La noticia era perversamente reconfortante. Pudiendo echarle la culpa entera a la demografía, dejé de preguntarme qué andaba mal en mí y empecé a acariciar la idea de que tal vez me quedaría soltera.

Me contenté con otra relación superficial, en esta ocasión con un hombre que había conocido durante mis vacaciones en México. Jon era asesor político en San Francisco, piloto los fines de semana, introvertido, guapo y divertido.

Sentó con toda claridad que no quería que tomara la cosa en serio. La idea de una casa, niños y una podadora de césped le ponían los pelos de punta. De hecho, tenía la esperanza de trabajar en el extranjero en cuestión de un año. Ahora me entristece recordar cuán fácilmente le aseguré que yo no esperaba, en absoluto, un compromiso de largo plazo. Seguimos viéndonos intermitentemente, como dos planetas, cada uno en su propia órbita, en ocasiones muy próximos, pero sin entrar jamás completamente el uno dentro del mundo del otro.

No obstante, el día de mi cumpleaños, Jon se presentó y me regaló ropa bonita y alhajas; también salimos a cenar y a bailar. Me pareció que estábamos más juntos que nunca antes y me empecé a preguntar si, al final de cuentas, el asunto funcionaría. Entonces, al día siguiente, me espetó que había invitado a otra mujer a una fiesta a la que pensábamos ir juntos el fin de semana entrante.

Cuando me enojo suelo llorar, pero ese día mi furia fue fría como el hielo y le pedí que saliera de mi departamento. La ira duró en mi interior varias semanas, fría y consistente, a pesar de que él me llamó para hacer las paces. Me dijo que le habían ofrecido un trabajo, que cumpliría una asignación de un año en África. Quería que las cosas quedaran claras entre nosotros antes de su partida y me pidió que por favor saliera a cenar con él.

"De ninguna manera —repuse, asombrada de que mi determinación no se derritiera—. Si me permito sentirme cerca de ti otra vez, me pasaré otro año esperando, llena de esperanzas y dudas, y no puedo darme ese lujo. Además, para cuando regreses, ¡espero haberme casado!" *¡Casado!* ¿De dónde había salido *eso?* Jon se quedó tan atónito como yo ante mi afirmación. Pero él se fue del país y, mientras estuvo fuera, a mí me ocurrieron milagros.

Dondequiera que iba, conocía algún hombre atractivo que me pedía mi número telefónico. A algunos los conocí en fiestas; otros me abordaron cortésmente en el tren o incluso en la calle. Eran hombres que tenían buenos modales, atenciones y consideraciones conmigo, que parecían chapados a la antigua. Por primera vez en mi vida, tenía mi agenda llena de "citas reales". Uno de ellos era David, un vecino del edificio de departamentos donde yo vivía.

En nuestra primera cita, después de una hora, sentí como si hubiera conocido a David de toda la vida. Descubrimos que compartíamos muchas aficiones e intereses. Antes de que terminara el día ya habíamos hecho planes para volver a salir. Al poco tiempo, empecé a encontrar flores al pie de mi puerta y tarjetas románticas en el buzón cuando él salía de viaje de negocios. Jamás había conocido a un hombre que persistiera con tanta dulzura, que estuviera tan claramente prendado, que fuera tan confiable y generoso. Claro que me enamoré de él.

Jon volvió a San Francisco y se quedó azorado al encontrarme entregada a los planes para mi boda. No sé qué habrá sido de él, pero David y yo llevamos casados seis felices años.

Cuando estaba soltera la gente me decía que encontraría el amor cuando estuviera "lista" para ello. Había supuesto que estaba lista, pero ahora sé que no lo estaba, por lo menos no hasta aquel día en que me quise lo suficiente como para declarar por teléfono lo que verdaderamente quería y merecía.

PENELOPE PIETRAS

LA SEGUNDA VUELTA

"**S**usan *es una romántica empedernida*", afirmé ante mi congregación. Centré mi sermón dominical en el caso de Susan y Warren. El mensaje era que el amor sigue caminos misteriosos. Era el momento correcto para relatar esta historia, porque, al final del servicio, renovaría los votos matrimoniales de mis padres, después de 33 años de matrimonio.

Cuando Susan ingresó a la escuela para ministros, había una regla firme e inmutable: Si uno estaba casado, seguía casado; si uno estaba divorciado, seguía divorciado. Se advertía a los estudiantes que no era el momento de tomar decisiones respecto a relaciones de largo plazo.

Susan jamás se sujetó a las reglas. A la mitad del primer periodo escolar, volvió a casa y se casó con su novio. Cuando volvió, trajo a Warren a la escuela. Parecían la pareja perfecta.

Las amistades de Susan quedaron boquiabiertas cuando dijo, poco después de su graduación, que su decisión de casarse había sido apresurada y que las cosas no estaban marchando bien. Tan sólo podía pensar en abrir su propia iglesia y en las personas a las que serviría. Susan sentía que no estaba preparada para recorrer ese camino con Warren. Se divorciaron, y ella se entregó en cuerpo y alma a sus nuevas obligaciones ministeriales.

Años después, la iglesia estaba floreciente, pero Susan seguía buscando una relación amorosa de largo plazo. Se lamentaba de la realidad a la que hace frente la mayoría de los ministros solteros: no es conveniente salir con alguien de la congregación y es difícil conocer a alguien "fuera de ella". Warren, después de separarse de Susan, se había casado con otra muchacha. No se habían visto en siete años. Susan reconocía, en el fondo de su corazón, que si pudiera echar marcha atrás, se habría quedado con Warren. Se daba cuenta de que él era perfecto para ella. Ahora buscaba a alguien como él para casarse. Susan creía que si concentraba su atención en lo que verdaderamente quería, si lo expresaba en voz alta y si creía en ello, entonces ocurriría un milagro. Y así lo hizo.

"Quiero comunicarles buenas nuevas —dije a mi congregación—. Susan y Warren se casan hoy". Proseguí con mi relato, completando las piezas que la congregación aún no conocía. Cuando el segundo matrimonio de Warren fracasó, él pasó por su propio despertar espiritual y añoraba volver a conectarse con Susan, el amor de su vida. Warren buscó la iglesia de Susan y, varias veces, trató de hacer acopio de valor para entrar. Al tercer intento, abrió cautelosamente la puerta y se sentó en la última fila. Cuando Susan lo vio, sintió que el corazón se le subía a la boca. Su intuición le dijo que sus oraciones habían encontrado una respuesta muy especial. Volvieron a salir, en secreto, y Warren, sin aspavientos, fue tomando parte cada vez más activa en la iglesia, como edecán voluntario.

"También soy una romántica empedernida", reconocí ante mi congregación, dándome la vuelta lentamente para que pudieran admirar mi bello vestido de chaquiras. Podía haber sido la novia. Me había vestido de gala para honrar a mis padres y la fuerza del amor duradero que había en su existencia. Todos nos habíamos adornado con flores para la inminente ceremonia.

Volví a llevar a la congregación al presente y dije que, al igual que Susan, yo había tenido dificultad para salir con alguien de la iglesia. Incluso bromeé que los había escuchado hablar a mis espaldas de que John, un nuevo edecán, y yo haríamos una magnífica pareja. Les dije: "¡Ahora saben que resulta muy difícil pensar en salir con alguien de la congregación cuando hay este tipo de murmuraciones!" La congregación rió a carcajadas y John se puso tan rojo como el clavel que llevaba prendido de la solapa. El servicio terminó y los edecanes se dirigieron hacia el fondo de la iglesia. Recordé a los asistentes que debían permanecer sentados mientras renovaba los votos matrimoniales de mis padres.

Me dirigí al fondo de la iglesia y desaparecí unos segundos al doblar por una esquina hacia la antesala. Entonces, el organista inundó la iglesia con las conocidas notas de la "Marcha nupcial". La congregación quedó boquiabierta cuando volví a aparecer, caminando por el pasillo central, del brazo de John. Mi padre subió al púlpito y explicó: "Hoy tendremos dos ceremonias. La mía y la de Susan y Warren, quienes han venido hoy aquí para que los conozcan. Susan es su ministro, Wendy Susan Craig, y Warren es ese apuesto edecán, John Warren Purcell". Recorrimos el pasillo central en medio de risas, lágrimas de alegría y celebración. Siete años después, sigo sin sujetarme a las reglas.

Un ministro visitante, al cual había invitado en secreto para que efectuara la ceremonia, se puso de pie y nos recibió en el altar. Nos pidió que repitiéramos unas palabras con él y que intercambiáramos nuestros votos matrimoniales, por segunda ocasión. "¿Aceptas tú, John, a Wendy...?" Encendimos dos velas y las fundimos en una. Nos besamos con ternura y, después, colocamos una banderola en el muro, detrás del altar. Cuando volvimos a recorrer el pasillo como marido y mujer, la congregación leyó lo que decía la banderola: "El amor es mejor en la segunda vuelta".

REV. WENDY CRAIG-PURCELL

NO SE REQUIERE FIRMAR

*S*oy analista profesional de grafología. Si bien se trata de una magnífica fuente de seguridad económica, este talento singular fue causa de grandes destrozos en mi vida amorosa. Cadavez que me gustaba alguien, de inmediato analizaba su grafología en búsqueda de una posible relación larga y duradera. No quería llevarme sorpresas.

El análisis grafológico representaba un camino fácil para eliminar a los hombres, antes de siquiera sentir un interés remoto por ellos. ¿Para qué molestarme si no tenemos nada importante en común? Con tantos casos que me habían contado mis amigas, de que habían conocido hombres que después resultaban una "pifia", yo confiaba en que, con sólo recurrir a mi experiencia profesional en grafología, estaría cubriendo mis bases.

Del lado negativo, me estaba quedando sin hombres a los que pudiera someter a mi sistema. Después de muchos años de citas esperanzadas y de análisis, finalmente me dije a mí misma que era muy probable que no hubiera un "señor Adecuado" para mí.

En un partido de tenis, de individuales, sorpresivamente conocí a un hombre que, al parecer, tenía todo lo que yo buscaba: sensibilidad, inteligencia e independencia económica. Mi intuición me dijo que el tipo resultaba promisorio, pero necesitaba estar segura. "¡Ajá!", pensé. "Averiguaré en seguida cómo es en realidad. Le aplicaré la prueba del ácido. Le pediré que escriba algo y averiguaré la verdad."

¡Se negó rotundamente! Incluso se rió. Preguntó: "¿Por qué habría de hacerlo? Puedes encontrar cosas en mi grafología y cortarme antes de que podamos conocernos bien. Me niego, quiero que la situación sea lo más equitativa posible. Podemos charlar, pero no te voy a escribir nada. Cuando menos por ahora".

Así, este individuo me quitó el control. Al quitarme la muleta que yo usaba para decirme lo que sentía respecto de un hombre, me obligó a recurrir a la observación, la intuición y los sentimientos. Sin mis conocimientos de grafología no confiaba en mí misma, así que ¿cómo podría confiar en él?

El análisis grafológico siempre me había permitido llegar a conocer los secretos más profundos de un hombre. Podía saber si éste perdonaba con facilidad o se aferraba a su resentimiento. Sabía si tenía una naturaleza espléndida o si era un tacaño. Podía saber si tenía sensibilidad para lo que otros sentían o si se protegía y se encerraba en sí mismo. Muchos años de estudio me habían enseñado que la primera impresión no siempre es la acertada. Pensé que si se negaba a escribirme algo, lo mejor sería olvidarlo. ¡Tal vez está ocultando algo! Se desató una batalla entre mi corazón y mi mente. "Parece perfecto para ti", decía mi corazón. "¿Por qué no darle una oportunidad?" En este momento mi ego intervenía: "Cuidado. Estás pisando un terreno desconocido".

El análisis de mi propia grafología me había descubierto mi triste personalidad: probablemente jamás volvería a enamorarme a causa de las heridas del pasado. Una vocecilla apenas audible en mi interior preguntó: "¿Así quieres pasar el resto de tu vida?" Sabía que debía romper con el pasado o, de lo contrario, no habría futuro. Mientras mi corazón y mi mente se enfrentaban, decidí hacer la prueba. Había llegado el momento de relajarme y confiar. Por primera vez, hice caso a la intuición y seguí viendo al "señor que podría ser el Adecuado".

Ahora sé que no puedo controlar ni analizar todo en la vida. Cuando me permití abrir el corazón, aprendí a encontrarme de lleno en una relación, sin conocer el resultado.

Observé al hombre relacionarse con sus hijos. Respeté cómo se preocupaba por su hijo e hija y cómo compartía actividades con ellos. Adoraba los rizos que se le formaban en la nuca y la mirada de amor y ternura que había en sus ojos cuando me miraba, la manera incesante como acariciaba mi pulgar con sus dedos, cuando nos tomábamos de la mano en el cine. Por fin lo sabía, sin grafología que me respaldara: El "señor que podría ser el Adecuado", era el "señor Adecuado".

Y cuando por fin analicé su grafología, ésta sólo confirmó lo que ya había averiguado de él al tener confianza en mí misma.

Cuando intercambiamos nuestros votos matrimoniales, a propósito, no hubo nada escrito. En la ceremonia de la boda simplemente hablamos desde el fondo de nuestro corazón.

IRENE B. LEVITT

"Te has olvidado de ti, y ése es tu único defecto."
—Anónimo

PSÍQUICA DE CINCO
DÓLARES

Me ofrecí para llevar a nuestro orador, un profesor que había hablado sobre el morir y la muerte, al aeropuerto que estaba a una distancia de tres horas. El profesor tenía grados en sociología y psicología y me cautivó con lo que sabía sobre aquello que hace que las personas funcionen y sobre lo que es verdaderamente importante en la vida. En el trayecto, no estuve de acuerdo en muchos puntos, pero él pudo leer entre líneas. Aun cuando no dije nada, él me habló de su vida personal y de su familia. Me sentí asombrosamente cómoda con él. Era como si tuviéramos mucho en común. Me aconsejó que me esforzara por alcanzar mi sueño de obtener mi licenciatura en sociología y me hizo pensar en mi vida de otra manera. De pronto, me miró y dijo: "No tienes idea de lo atractiva y encantadora que eres, ¿verdad?" Pero no estaba coqueteando, tan sólo me estaba observando. ¿Por qué no me sentía atractiva? Y ¿por qué me había conformado con trabajar para mi esposo, haciendo algo que no me gustaba?

Mi mente voló hacia Allen. Mi familia me lo había advertido. Todos habían dicho: "No es tu tipo". Con 28 años y un matrimonio que no era precisamente burbujeante, me esforzaba mucho por convencerme a mí misma de que todo andaba bien.

Unos cuantos días después, Jeanne y Darlene comentaron que había estado muy distraída durante la clase de cocina. Le comenté a mis amigas que tenía una sensación extraña de que iba a ocurrir algo. Intercambiaron miradas y empezaron a hablar al unísono. Me dijeron que tenía que visitar a la reverenda Marty. Verdaderamente es muy buena en lo que hace y es confiable. Incluso ayudó a la policía y al FBI en ciertas investigaciones. La reverenda Marty era una psíquica.

"Un momento", les dije. Dadas mis creencias religiosas tradicionales, sentí cómo me oponía a su consejo: "Hay algo que está tratando de ocurrirte. ¡Estás a punto para una lectura!"

Las seguí con mi auto por el camino que llevaba a la casa de la reverenda Marty. Habíamos decidido que yo pasaría primero. Decidida a dificultarle las cosas a la reverenda Marty, pensaba no soltar palabra, ella tendría que "ver" todo por su cuenta.

Nos orillamos junto a una casita con cortinas de encaje en la ventana. Me costaba trabajo creer que me hubieran convencido de ir. Reacia, seguí a Jeanne y Darlene hasta la puerta de la casa de la reverenda Marty. Había un letrero pequeño que decía: "REVERENDA MARTY. PSÍQUICA. LECTURAS CINCO DÓLARES".

Mis amigas cocineras se quedaron esperando en otra sala, al mismo tiempo que yo miraba incrédula a la reverenda Marty en su singular cocina, con piso de linóleo. Ella no usaba bola de cristal. Su soltura me sorprendió. Era como una abuela: pequeñita, con voz suave y enfática. La reverenda Marty abordó directamente el punto y me dijo que yo acababa de conocer a un hombre, de la costa del este, con el que me sentía tan cómoda como con unos zapatos viejos. Me sentí aturdida. Describió perfectamente a su familia. Después de dar de nuevo en el blanco, la reverenda Marty dijo que mi marido saldría a un viaje largo en unos cuantos días. Con tacto me reveló la noticia desoladora de que Allen me era infiel; describió a varias de mis amigas a las que había tratado de seducir y supe de quiénes hablaba. Me quedé petrificada en mi silla. Me dijo que tendría una doble pérdida: mi matrimonio y mi empleo. También tendría un doble triunfo: otra carrera y otro matrimonio.

La reverenda Marty dijo que terminaría felizmente casada con un hombre que era perfecto para mí y que tendríamos un hijo y una hija. Me costó trabajo absorber toda esta información. ¡La siguiente voz que escuché se parecía mucho a la de mi suegra que ya había muerto! Aun cuando no habíamos estado muy unidas nunca, sus palabras sonaron tiernas y sabias cuando me dijo que prosiguiera con mi vida sin su hijo. "Linda —mi suegra siempre me decía así—, él jamás cambiará su forma de ser".

Me quedé muda. Sentía como si estuviera en un helicóptero viendo mi vida abajo. Por primera vez pude ver que mi matrimonio era un desastre, en el cual me había sentido sola desde hacía mucho tiempo. Hice frente a lo que nunca había querido ver: el patrón que repetía Allen persiguiendo a las mujeres y poniéndome en ridículo. Contemplarlo de manera consciente hirió mi corazón.

Me aguanté las ganas de llorar cuando salí de casa de la reverenda Marty para perderme en la noche. Casi no hablé con mis amigas y me dirigí apresuradamente a mi auto. En la primera caseta telefónica que encontré llamé a Kris, mi mejor amiga. Le dije: "Jamás creerías lo que acabo de hacer". Kris confirmó mis peores sospechas. Me dijo con tacto: "Allen me hizo insinuaciones. He luchado mucho tiempo sin saber si debía decírtelo, porque no estaba segura de que estuvieras preparada para oírlo. Jan, no soy la única de tus amigas a quien Allen ha cortejado". Empezó a darme nombres. Era evidente que Kris me quería mucho y que le resultaba muy difícil decirme esto.

En ese momento supe que no pasaría mi vida entera con Allen. Unas cuantas horas antes, había estado dispuesta a quedarme atrapada para siempre en este matrimonio fraudulento de corto plazo, tan sólo porque era lo que me habían enseñado. Estaba dando más valor al hecho de no divorciarme

jamás que a mi calidad de vida. Había necesitado dos encuentros
—el del profesor y el de la psíquica—para acabar con el dominio
que Allen tenía sobre mí.

Allen no estaba en casa cuando llegué. Puse su correa a mis
dos perros, hice una maleta y abandoné la casa. Jamás miré hacia
atrás.

Un año y medio después conocí a Jim, el amor de mi vida, y
me casé con él. Hace mucho que terminé mis estudios y Jim me
encuentra irresistible. Transcurridos 20 años, seguimos siendo
estupendos amigos y amantes. Contamos con la bendición de
dos bellos hijos: un niño y una niña.

Le doy las gracias al profesor que, sin saberlo, hizo mella en
mi armadura de protección. Y gracias, reverenda Marty. Los
cinco dólares que gasté hace tantísimos años fueron la mejor
ganga de mi vida.

JAN HIBBARD

EL FINAL

Una tarde, *Bruce y yo tuvimos una charla sobre parejas ínti-mas* del pasado que habían sido importantes para nosotros. La intención de ser abiertos y sinceros, de compartir nuestro pasado, era aumentar la intimidad de nuestra relación. Este grado de sinceridad fue refrescante e inquietante al mismo tiempo.

Le conté a Bruce de mi relación especial con Tom, en mi versión personal de *Los puentes de Madison*. Tom y yo nos conocimos hacia finales de los años setenta, cuando yo estaba trabajando en un proyecto a miles de kilómetros de casa. Sentimos una de esas atracciones cósmicas. Nacidos en el mismo día, del mismo año, verdaderamente disfrutábamos estar el uno con el otro. ¡Y qué pasión! Seis meses después, terminé mi proyecto y volví a casa con el corazón abrumado. Tom y yo continuamos con un romance a larga distancia durante los cinco años siguientes. Pasábamos tiempo juntos siempre que él venía a la costa oeste, debido a su trabajo como productor de teatro.

Algún tiempo después, Tom se fue a vivir a Nueva York y yo iba a visitarlo. A pesar de que lo amaba y de que me gustaba Manhattan, no me veía criando a mi hijo en la selva de asfalto, tan lejos de los tranquilos bosques de Oregon. La relación empezó a enfriarse. Ninguno de los dos estaba dispuesto a decir lo evidente. Un día simplemente dejamos de escribirnos y de llamarnos.

En los siguientes 12 años, de cuando en cuando, la añoranza me invadía el corazón cuando pensaba en él. Traté de ponerme en contacto. No aparecía en el directorio de Nueva York, ni en el de Washington, D.C., o de Los Ángeles. No tenía idea de dónde podría estar Tom. ¿Qué le había pasado a mi amor cósmico?

En este punto de mi relato, Bruce me miró con una expresión de total desconcierto y me dijo: "¿Quieres decir que si te encontraras al tal Tom hoy considerarías la posibilidad de volver con él otra vez?" ¡Mmm…! En verdad no sabía la respuesta a esta pregunta, pero sí sabía que la relación no estaba terminada y que Tom ocupaba un espacio en mi corazón. Empecé a rezar y a pedir que se terminara, pero no tenía idea de dónde podría encontrar a Tom.

Cinco meses después alguien dijo algo que me recordó a Tom y éste estuvo presente en mi mente en los siguientes días. Renové mi convicción de buscarlo para resolver nuestra relación. A la mitad de esa misma semana, Bruce y yo íbamos a viajar en avión a visitar a sus padres en Montana. Llegamos al aeropuerto, nos registramos en el mostrador y dimos la vuelta para dirigirnos a la sala de salidas. ¡Ahí estaba él!, a sólo unos tres metros de distancia. Nuestros ojos se entrelazaron al mismo tiempo. El corazón me latía desbocado. "¿Tom?" "¿Alex?" Y Bruce masculló: "¿Tom?"

El intercambio fue breve. Acababa de aterrizar para cambiar de avión. Se había casado, tenía familia y vivía en una ciudad grande. Su carrera había seguido los dictados de su pasión: el teatro. Era media tarde y tenía aliento alcohólico. Estoy recuperándome.

Cuando Bruce y yo caminábamos por el pasillo para abordar el avión, tuve una sensación de espacio. Bruce se veía perplejo. Sus ojos hacían un millón de preguntas. Lo miré tranquilamente y dije: "Espera, debes entender. Dios acaba de ayudarme a liberar un espacio enorme para que me meta de lleno en nuestra relación". No me había dado cuenta, en realidad, de la cantidad de espacio que Tom había ocupado en mi corazón.

Ver a Tom y dejarlo ir había renovado mi fe en la fuerza de la oración. Había decidido *por qué* orar y, como en una escena de una obra estupendamente preparada, escrita sólo para mí, Dios había decidido el *cómo*.

ALEX MERRIN

CINTA NEGRA EN SALIR
CON ALGUIEN

Sonríe, respira hondo y camina lentamente, con aplomo…

*S*onríe, respira hondo y camina lentamente, con aplomo…
    ¿Cuántas veces había tenido que repetirme estas palabras para animarme? ¿Diez veces? ¿Cientos de veces? ¡Ay!, ni siquiera uiero pensar en ello. Es demasiado espantoso para expresarlo con palabras. La primera cita. Queda dicho todo.

Uno diría que después de llevar veinte años de viuda me habría acostumbrado al nerviosismo, la boca seca y el leve malestar. Sabes a qué me refiero: esa vana esperanza y oración callada de que este hombre sí sea "el correcto".

Bien, pues he aprendido algunas cosas sobre las citas. Tengo noticias buenas y malas: las malas son que se trata de un juego de números; las buenas, que se trata de… un juego de números. El secreto es la persistencia, la paciencia y los planes. Uno tiene que arreglarse y pasearse, y seguir paseando.

Pasado cierto tiempo había perfeccionado esto al grado de ciencia. Siempre tenía un atuendo para la "primera vez que salía con alguien", que era adecuado para la mayor parte de las situaciones (por lo general un encuentro breve para tomar un café o comer) y pensaba que me veía relativamente bien. Siempre sugería que nos viéramos en el mismo restaurante. Me gustaba sentirme segura por si tenía que salir de repente. Si los meseros alguna vez pensaron que era extraño que llegara con frecuencia, con diferentes hombres, nunca lo demostraron. Sonreían amablemente las pocas veces que mi pareja decidió que compartiéramos un plato fuerte o cuando, en el caso de citas a ciegas, tenía que atravesar el restaurante para llegar hasta un hombre que había engordado 25 kilos y se había quedado calvo desde que me había descrito cómo era, la noche antes. Sonríe, respira hondo y camina lentamente, con aplomo...

Hablemos del juego de los números. Algunos fueron verdaderamente olvidables... y, sin embargo, los recuerdo: el hombre alto y guapo que me contó que quienes habían matado a su mujer también andaban tras él para matarlo, mientras cenábamos en un patio exterior mirando a la calle. El edecán que había conocido en una iglesia y que se bebía siete copas (¡sí, siete!) de *champagne* durante el almuerzo y después quería llevarme en su auto a buscar el mío. Y el regordete presidente de una compañía que llegó temprano a la cita. Pensé que era el plomero que venía a arreglar mi cañería estropeada. Sonríe, respira hondo y camina lentamente, con aplomo...

Evidentemente, no todas las primeras citas fueron una pesadilla: estuvo el cirujano plástico, de fama mundial, que pasó por mí en un Rolls-Royce y me lo prestó para que lo manejara, en mi pueblo, durante toda una semana. El petrolero que mandó su avión a recogerme, para degustar una cena de *gourmet* que él mismo había preparado para mí. El policía que me trajo cinco kilos de zanahorias y preparó jugo natural antes de la cita, después revisó mi casa cuando volvimos, con pistola en mano, después de un apagón. El dueño de un exitoso restaurante que me llevó a Park City a esquiar. Sonríe, respira hondo y camina lentamente con aplomo...

De cuando en cuando, estaba tan harta de salir tantas veces, que necesitaba un "ayuno de citas". En uno de estos ayunos, un asesor de no pocas luces me ayudó a deshacerme de muchas cuestiones que estaban impidiendo que tuviera la relación correcta. Entonces empecé a ver con más claridad lo que había estado haciendo. Dicha claridad trajo consigo el dolor de saber que había estado escogiendo a los hombres equivocados. Tenía que saber qué tipo de hombre me "iría bien" para el resto de la vida. Bueno, para mí no era un empresario de altos vuelos. (¡Ay, maldición! ¿Quieres decir que tendrá un trabajo normal y no siempre estará dedicado a un gran negocio?) No era alguien que hubiera estado casado un par de veces. Y no iba a conocerlo en ninguno de los lugares que estaba frecuentando. Le comuniqué a todo el mundo que quería empezar a salir otra vez. Sonríe, respira hondo y camina lentamente, con aplomo...

No quiero hablar de las noches que escribí en mi diario que Dios me estaba gastando una broma muy cruel. Por el contrario, ¿por qué sentía en el corazón ese deseo de encontrar pareja? Año tras año recé para que el deseo desapareciera o para que mi media naranja llegara a mi vida. Y seguí saliendo con hombres: sonríe, respira hondo y camina lentamente, con aplomo...

Ahora me encuentro en un momento decisivo: miro hacia el otro lado de la habitación y veo al hombre que, en nuestra primera cita, sugirió que nuestros perros, raza *golden retriever*, debían juntarse para dar un paseo; el hombre que anotaba los nombres de mis amistades y familiares para poder recordar a las personas que eran importantes en mi vida; el mismo que habló de dinero y sexo, de miedos, esperanzas y sueños, antes de siquiera tratar de besarme. El contrario a todas las ideas preconcebidas que yo había tenido acerca del hombre de 47 años que nunca se había casado.

En esta habitación, también veo a nuestros amigos cercanos y a los miembros de la familia que nos son queridos. Veo llorar a nuestras madres. Escucho cómo suena el *Canon* de Pachelbel tocado en *Re*. Oigo como retumba mi corazón en los oídos. A medida que encamino mis pasos para cruzar la habitación y reunirme con él frente al pastor, siento la presencia de Dios que me dice: "Sonríe, respira hondo y camina lentamente, con aplomo...".

CONNIE MERRITT

ALMAS GEMELAS

¡**P**um! *hizo un vaso al caer de mi bandeja al suelo, estallando* en mil pedazos y manchando todo de leche. Con el rostro sonrojado, me agaché para recoger algunos de los fragmentos de vidrio. "Déjalo, yo lo hago", dijo una voz masculina. Cuando levanté la vista, vi unos ojos azul cielo y una magnífica sonrisa que me contemplaban. Así fue como conocí a Don, en un edificio de la Universidad de Colorado, en el verano de 1952. Yo había ido para los cursos de verano. Don también; él trabajaba limpiando mesas en el comedor de mi comunidad de mujeres.

Al poco tiempo, Don empezó a llamarme para salir y me emocionaba tanto que no era capaz de comer en su presencia. Era serio y muy inteligente; también guapo como un príncipe. Me deleitaba con cada palabra que pronunciaba mientras me mostraba Boulder; fuimos en auto a las cimas, para contemplar las esplendorosas montañas de Colorado. Me extrañaba que yo le gustara, porque me sentía muy joven e inmadura. Don me trataba como si fuera una princesa; como si fuera un adulto pensante. Era muy abierto, y podíamos hablar de nuestros sentimientos, lo cual me resultaba extraño.

Ese verano fue una combinación de clases que duraban demasiado y mis ratos con Don, que me parecía que volaban. Bailábamos al son de "Sólo tengo ojos para ti". Y cuando llegó la hora de volver a casa, a Houston, me invadió una enorme tristeza.

Nos escribíamos todos los días. En Septiembre, Don y su hermano fueron a Texas en auto para visitarme. Estaba emocionada y nerviosa; de hecho, asustada. El romance a larga distancia había sido como un sueño. Ahora vendría la realidad.

Cuando se fueron, mi padre me llamó para que charláramos. Me dijo: "Trish, quiero que sepas que me agrada tu novio. Me resultó un joven educado e inteligente y creo que llegará muy lejos en su profesión de abogado, pero…" Y ese *pero* lo decía todo. "Hay demasiados obstáculos —dijo mi padre—. En primer lugar, es católico. En segundo, es italiano. Y, en tercero, vive muy lejos". Me quedé boquiabierta. El corazón me dio un vuelco. Como si estuviera muy lejos, oí a mi padre hablar de los católicos y de que no usan controles de natalidad, de la diferencia en nuestra formación y de que debía realizar mis estudios universitarios en Texas. Y, como si todo hubiera quedado arreglado, terminó diciendo: "Ahora creo que deberías escribirle a ese joven y decirle todo esto".

A mis dieciocho años jamás había contrariado a mi padre en nada. Era 1952 y uno hacía todavía lo que le decían.

Mi hermano había sido "el rebelde" en casa y yo había adoptado la posición contraria. Lloré cuando escribí esa carta, diciéndole a Don que era muy difícil que nuestra relación continuara. De cualquier manera, una parte de mí estaba asustada. Me extrañaba que este joven brillante, guapo y desenvuelto estuviera enamorado de mí. Además, no soportaba la idea de distanciarme de mi familia y mis amistades.

La contestación fue una carta de nueve páginas. Me dijo que era algo que había presentido y que lo lamentaba mucho. La carta era tierna y comprensiva y un intento considerado por consolarme. Me dijo que quería dejar en mí los recuerdos más dulces y tiernos del poco tiempo que habíamos estado juntos. Quería que siempre pudiera recordar mi verano en Colorado como una de las épocas más felices de mi vida.

La carta era tan bella que no pude tirarla a la basura. Jamás lo hice. Guardé la foto de Don y su carta en mi diario privado.

Mi padre murió de un infarto cinco meses después. Le escribí a Don para comunicárselo, pero él no contestó.

Empecé a salir con otro hombre y, con el tiempo, me casé con él. Un amigo de la familia que había conocido a papá y que tenía su aprobación, alguien que me ayudó a superar la muerte de papá. Tuvimos cuatro hijos maravillosos y muchos años buenos al principio; pero recorríamos diferentes caminos filosóficos y espirituales y, con el tiempo, fue imposible pasar esto por alto. Así, después de 27 años, nuestro matrimonio terminó.

Vendimos nuestra casa y yo compré otra en el campo. Estaba colocando los libros en el librero cuando me topé con mi diario, la foto de Don y aquella carta. Desdoblé otra vez las finas hojas amarillentas de la carta y encontré manchas de lágrimas. Sentí el impulso de escribirle, para decirle "hola" después de 30 años.

Estuve despierta la mitad de la noche escribiendo y revisando la carta. Le contaba lo que había sido de mi vida. Sentí un brote de energía. Las palabras brotaban simplemente hasta llegar al papel. Le decía a Don que no era necesario que contestara la carta, sino que yo había tenido la necesidad de escribirla.

Años antes, me había dicho que quería ejercer su profesión en Denver. Busqué en un directorio de Denver y ahí estaba su nombre. Envié la carta con emoción y expectativas, segura de que, de alguna manera, recibiría una respuesta.

Una semana después, cuando vi la letra conocida en un sobre, demoré el momento de abrirla. Simplemente contemplé la carta durante unos instantes antes de abrirla. Me contaba que su mujer había muerto hacía tres meses y que no habían tenido hijos. Don se había cambiado a otra dirección después de su visita a Houston, 30 años antes. No había recibido la carta en la que yo le comunicaba la muerte de mi padre.

Tras varios meses y muchas llamadas telefónicas, decidimos reunirnos. Escogimos un lugar neutral: Santa Fe. Ninguno de los dos había estado ahí antes. Cuando bajé del avión busqué a Don. Entonces vi el mismo rostro sonriente y los ojos azul cielo, pero ahora tenía el pelo cano. El corazón me dio un vuelco y las manos me temblaban mientras caminábamos a encontrarnos. Cuando nos abrazamos, salvamos una laguna de treinta años. De inmediato caímos en un patrón conocido de comunicación, el uno terminando las palabras del otro, pues conocíamos nuestro corazón.

Vivimos un romance a distancia durante un año, mientras yo hacía arreglos para mudarme y él manejaba su duelo. Éramos almas gemelas. Nos casamos en abril. Muchos amigos y familiares, asombrados, me preguntaban: "¿Cómo eres capaz de recoger tus cosas y dejar familia y amigos?", y yo les contestaba con una sonrisa. En mi interior, me decía a mí misma: "Pues así".

A esas alturas de la vida, había aprendido a conocer mi corazón. Había aprendido a escuchar la apenas perceptible voz del interior, a prestar atención a mi fuerte parte intuitiva. Había aprendido a creer en mí.

PATRICIA FORBES GIACOMINI

II
AYUDA DIVINA

"Puedes dejar que la misma fuerza que hace crecer las flores y que mueve los planetas dirija tu vida, o puedes dirigirla tú sola."

—MARIANNE WILLIAMSON

> *"Estoy convencida de que, a veces, es preciso morir*
> *un poco antes de vivir verdaderamente."*
> —Rosita Perez

EL VUELO #603

Escuché *unos ruidos espantosos cuando el DC-10 de Continental* recorría la pista para despegar. Acelerando a casi 300 kilómetros por hora, inició el ascenso. De repente, se escuchó una explosión. Aterrorizada, coloqué la cabeza entre mis rodillas, abrazándome las piernas en posición para chocar. El avión se vino a pique y ardió en llamas. En milésimas de segundo, el fuego cubrió todo el lado izquierdo de la nave. Las llamaradas salían disparadas a cientos de metros, y un hollín negro cubría todo.

Hacía siete años que trabajaba como actriz, luchando por abrirme camino en Los Ángeles. Había tocado fondo en lo emocional, lo económico, lo espiritual y lo mental. No quería seguir viviendo. Como había sido Señorita Hawaii, me dirigía a Honolulu para encabezar el desfile de Señorita Hawaii. Cuando abordé el avión, me dije una y otra vez: "Permite que mi vida cambie, que jamás sea igual, o déjame morir". En el momento de la explosión, el centro de mi realidad cambió drásticamente.

Una calma, salida de la nada, me embargó completamente. Me sentí protegida. Fue como si un escudo me cubriera. Yo era el centro de una luz blanca. En lugar de crisparme de miedo por lo que nos ocurriría, al avión y a mí, de repente me llené de alegría y paz. Sentí un amor sin condiciones.

Una luz blanca me rodeó y escuché un mensaje: "Se te ha dado el regalo de la vida. ¿Qué has hecho con ella?" Y, entonces, cuatro preguntas pasaron por mi mente: "¿Te amas? ¿Amas a tu familia y tus amigos? ¿Estás viviendo tus metas y sueños? Y, si murieras hoy, ¿has hecho de este planeta un lugar mejor para vivir en él?" Grité: "¡No! ¡Quiero vivir!"

Mientras las llamas se me acercaban, me fui arrastrando hasta la salida y fui la última en llegar al tobogán de evacuación. Cuando me alejaba cojeando del avión en llamas, me di cuenta de que tenía una segunda oportunidad de vivir la vida. De aquí en adelante todo sería extra. Fue como si todas las decisiones equivocadas que había tomado en la vida estuvieran anotadas en una pizarra y con un borrador las hubiera borrado. Con esta pizarra en blanco, yo sería responsable de todo lo que hiciera de ese día en adelante.

Una explosión hizo añicos el avión. Los sobrevivientes corrían junto a mí, gritando y llorando. Yo avanzaba lentamente, cojeando tras ellos, hacia una barda de alambre. Había dejado atrás a la muerte.

Un desastre llegó a la médula de la vida. Separó la paja de la pretensión del heno de la verdad. Hizo surgir un común denominador de amor y compasión por los compañeros que sufren. Una mujer joven, temblorosa y llorando sin control, se aferraba al brazo de un hombre que la consolaba. Una mujer mayor lloraba en los brazos de una amiga, que la mecía con cariño, como si fuera una criatura. Los maridos abrazaron a sus esposas como nunca antes. De sus almas salía puro amor, cada persona lo daba y lo recibía con necesidad, sin vergüenza.

Ahora sé que en la vida no importa lo que se te ha dado, sino lo que haces con ello. La vida es un don preciado y yo produzco mis propios resultados.

¿Qué hago diferente ahora? *Jamás* espero para decir: "Lo siento" o "Te quiero". Veo hacia mi interior, en lugar de mirar hacia otros, para saber lo que está pasando en mi vida. No sé si hay para mí un mañana, así que vivo cada día como si fuera el último.

DONNA HARTLEY

AVÍSAME

Jessie estaba sentada frente a la mesa de la cocina escribiendo algunas notas. Cuando crucé por la puerta, vi a Reed acostado en un tapete, junto a la silla de Jessie. Reed era el perro Schnauzer de Jessie, su fiel compañero durante los pasados 11 años. Habían vivido esos años unidos como dedo y uña. Ahora Reed estaba muriéndose.

Con lágrimas en los ojos, me dejé caer en la primera silla que encontré en la cocina y escuché a Jessie recordar cuando bañaba a Reed cantando "Dulces violetas". Ella se agachó y acarició su cuerpo inmóvil y le habló con el tono amoroso de la madre que sabe que ésta será la última vez que su vástago escuche sus palabras. Las orejas de Reed casi no se alzaron al reconocer la voz tranquila que había aprendido a amar con el paso de los años.

Yo no podía controlar mi pena al observar a mi amiga pasar por esta experiencia desgarradora. Como no encontraba palabras de consuelo, me agaché, acaricié a Reed, le dije que lo quería y, lentamente, salí por la puerta. Murmuré que llamaría más tarde. Me fui a casa, agotada emocionalmente por la triste escena y por la lluvia de mis propios recuerdos dolorosos sobre la muerte de mi querido Pepper.

Horas después, el veterinario realizó, por humanidad, el acto que todos tememos; Jessie llevó a Reed a casa y lo enterró en el patio de atrás, cerca de un seto de flores, lugar muy adecuado para un perro que había sido tan fiel y amoroso. Tras una breve oración, Jessie entró en la casa y comenzó su vida sin Reed.

Más tarde, casi a la hora de dormir, Jessie entró en la cocina para beber un poco de leche tibia —ritual nocturno que siempre había incluido las pequeñas patitas grises bailando en el aire, pidiendo una golosina nocturna. Esa noche, y de ahí en adelante, no habría premio de palomitas de maíz y tampoco estaría Reed. Ahora sólo se escucharían los crujidos de una casa vieja y demasiado grande para una persona, demasiado solitaria y ahora demasiado vacía.

Secándose las lágrimas que inundaban su rostro, Jessie encendió el noticiero nocturno para distraerse y se dio un regaderazo. Cuando salió del baño, al final del pasillo, quedó petrificada. ¡Ahí, en las escaleras, estaba Reed!

"¡Reed! ¿Qué haces aquí? ¡Se supone que ya no estás en este mundo!", dijo Jessie llorando.

Con su andar acostumbrado, con las piernas tiesas, Reed corrió hacia Jessie y, cuando ella se agachó, él olfateó su cara ansiosamente, como si no hubiera ocurrido nada.

Sin saber qué hacer, Jessie repitió con un susurro ansioso: "¡Reed, se supone que ya no estás aquí!" Antes de poder recobrar el aliento, Reed había desaparecido.

Cuando Jessie me contó lo que había ocurrido, automáticamente le pregunté: "¿Estás segura de que era Reed, Jessie?"

"Sí, sé que era Reed. Justo antes de que lo cargara al auto para llevarlo al veterinario, lo apreté contra mi corazón y le dije: 'No sé lo que hacen allá con los buenos amigos como tú, así que tú avísame si estás bien'. Reed fue el perro más obediente que haya tenido jamás. Le dije que me avisara… y eso hizo".

SHIRLEY ELKIN

EL TEMASCAL

Me parecía imposible estar entrando en un temascal, ese baño de vapor ritual de los indígenas de América. Soy rubia, de ojos azules y alemana de aspecto general. Tenía 43 años, cuatro hijos criados, trabajaba en un hospital con mi marido Eric y habíamos ido de vacaciones a la playa con un grupo de curanderos alternativos.

Cuando nos ofrecieron la oportunidad de participar en la ceremonia indígena, Eric no lo dudó ni un instante. Así es él, el tipo de persona que dice: "Probaré lo que sea, una vez", cuando se trata de aventuras nuevas. Yo, por lo contrario, necesito que me lleven de la mano.

Todavía tenía resistencias cuando 12 personas ya estábamos sentadas, con las piernas cruzadas, en un círculo dentro de una especie de tienda de campaña pequeña, de metro y medio de alto, hecha con varas y ramas. La india curandera empezó a cantar y alabar a los espíritus. Mi corazón se aceleró. Veía temerosa cómo amontonaba piedras encendidas en el centro de nuestro círculo. ¿Explotarían las piedras? ¿Nos quedaríamos sin aire? ¿Me desmayaría? Sentía la falta de espacio. Traté desesperadamente de controlar mi respiración desbocada. Sentía tanto calor que, llena de pánico, me agaché hacia adelante y coloqué el rostro sobre el suelo para refrescarme.

Una hora después, salí de la tienda dando tumbos. Estaba completamente deshidratada y exhausta. Me derrumbé estirada sobre la arena. Sí. Eso fue todo. Estaba sana y salva y en el aire puro. No esperaba nada más. Entonces, de repente, al mirar hacia arriba a las estrellas, apareció la imagen de mi madre. Me quedé atónita. (Mi madre había muerto muy joven, a los 40 años, cuando yo sólo tenía 15.) Su rostro sonriente ocupaba el espacio de la luna llena.

Empezó a hablarme con palabras que sólo yo escuchaba. Dijo: "Mírate. Has logrado mucho y has llegado muy lejos. Has tenido oportunidades que yo jamás tuve". Estaba muy orgullosa de mí y pude sentir que su amor me envolvía.

Pasaron por mi mente todos los momentos importantes que no pude compartir con ella: mi angustia cuando murió; encontrar a mi estoico hermano gemelo tirado sobre su cama, llorando y lamentándose, seis meses después; mi festival de fin de cursos, mi graduación de bachillerato, mi graduación de la universidad; el día de las madres año con año, el día de mi boda, los nietos de mamá; un doloroso divorcio, un segundo matrimonio maravilloso; cambios de carrera. También había querido compartir mi hambre espiritual, mis lágrimas y risas, mi amor por el cine, el ver a madres e hijas juntas. Pensaba que ella no había tenido nada de todo lo anterior; ahora sabía que había estado conmigo toda la vida.

En unos cuantos minutos desapareció, y yo me quedé recostada, llena de alegría y maravillada, sumergida en el cálido esplendor que quedó. No soy capaz de explicarlo, pero sé que fue real.

Si no me hubiera atrevido a entrar en ese temascal, me habría perdido de una de las experiencias más notables de mi existencia. Tuve la dulce oportunidad de sanar y de escuchar a mamá decir: "Te quiero mucho, amada hija".

KAY ALLENBAUGH

¿QUÉ NECESITAS?

Salí temprano. Antes de mi primera cita llevé a una amiga en mi auto al Aeropuerto Internacional de la Ciudad de Kansas y regresé por la ruta de siempre. Al llegar a la desviación donde daba vuelta a la izquierda, me encontraba a la izquierda de cuatro carriles. Entonces mi auto empezó a dirigirse hacia la derecha, de manera casi involuntaria, como si alguien me hubiera quitado el volante de las manos y estuviera conduciendo en mi lugar.

Me hablé en voz alta y dije: "¿Por qué hiciste eso?", conforme seguía conduciendo el auto.

Mi traje blanco era perfecto para este hermoso día de verano. Conociendo mi tendencia a manejar demasiado rápido cuando el tiempo era bueno, encendí mi control de ruta y disfruté el panorama. Avanzaba por la carretera, cantando, cuando una voz en mi interior dijo: "Desacelera". Miré el velocímetro: iba a menos de 100 kilómetros por hora, por lo que pensé "voy bien"; hice con la mano un signo de despreocupación.

Un momento después, una voz que pareció surgir del asiento trasero gritó: "¡Desacelera!"

Sorprendida, pisé los frenos; el auto quedó prácticamente detenido. Sólo tuve tiempo para mascullar: "¿Qué pasó?", cuando un auto pequeño y blanco que iba delante de mí perdió el control.

En seguida me hice a un lado de la carretera, presintiendo que un accidente grave estaba a punto de ocurrir. Cuando el auto blanco atravesó los tres carriles y chocó contra la barandilla de protección, a unos 120 kilómetros por hora, yo me había detenido.

En cuanto salté de mi auto, otro coche se detuvo junto al mío. Un hombre corrió hacia mí y preguntó: "¿Por qué enfrenó así? No había ocurrido nada aún". Contesté: "No lo sé". Entonces dijo: "¡Gracias, me salvó la vida!" Le pregunté el porqué y me explicó: "Iba a toda velocidad, a unos 140 kilómetros por hora... voy retrasado y estaba tratando de recuperar tiempo. Me han multado tantas veces por correr demasiado que cuando vi que usted frenó, supuse que había visto a un policía, así que también frené. Habría estado justo junto a ese auto cuando empezó a perder el control".

Todavía sorprendido, se subió a su auto y se marchó.

Conforme me acercaba hacia el auto chocado en medio de la carretera, le murmuré a Dios: "¿Por qué yo? ¿Qué sé yo de primeros auxilios?"

Sentados en el auto blanco estaban la conductora, una joven embarazada, y su marido; los dos parecían tener lesiones graves. Había sangre por doquier. Él tenía los dientes rotos y los dos lloraban asustados. Sabía que necesitábamos ayuda y una ambulancia.

Un auto se detuvo y una mujer preguntó: "¿Necesita algo?" Repuse: "Hay que avisar a la policía y pedir una ambulancia. ¡Hay dos personas lesionadas!" Ella se marchó en busca de algún teléfono junto a la carretera.

Cuando me dirigía hacia la pareja para decirles que pronto llegaría la ayuda, alguien gritó desde un auto que pasaba: "¡Tiene que sacarlos de ahí. El auto está derramando líquidos!"

Traté de abrir la puerta chocada del lado del volante, pero la mujer me dijo que estaba trabada. El vidrio de su ventana estaba trozado, así que era obvio que tendría que salir por la puerta. Con todas mis fuerzas tiré de la puerta y, aunque parezca increíble, ésta se abrió.

Ayudé a la asustada mujer a salir del auto y a sentarse por ahí; después volví corriendo para sacar a su esposo. La puerta del otro lado estaba atorada contra la barrera de protección y había algo obstruyendo el asiento delantero. No se podía deslizar del otro lado para salir por el lado del conductor. Aguanté su peso con los hombros para que se levantara y saliera por la ventana. Lo ayudé a recostarse en la carretera, junto a su esposa.

Estaba sangrando tanto que pensé, en mi fuero interno: "Necesitamos dos toallas desesperadamente". En ese momento, una mujer detuvo su auto y gritó: "¿Necesitan algo?" Le respondí. Metió la mano en una bolsa de Kmart que llevaba en el asiento trasero y que contenía dos toallas recién compradas. Me dirigí de nuevo a la pareja; con una toalla hice un torniquete en el brazo del hombre y coloqué la otra debajo de su cabeza.

Estaban entrando en choque y sabía que necesitarían cobijas para conservar su temperatura. Otra mujer se orilló y preguntó: "¿Necesitan algo?" Dije que necesitábamos dos cobijas. Abrió la parte trasera de su camioneta y sacó dos cobijas de un cesto lleno de ropa limpia de cama y dijo que tenía que irse.

Cuando tapé al hombre y a la mujer, me di cuenta de que había hecho todo lo que podía hacer sola. Pensé: "Necesito un paramédico, ¡lo necesito ya!" Levanté la vista y vi a un hombre en uniforme blanco a la orilla de la carretera corriendo hacia nosotros. No vi ningún vehículo, parecía haber salido del aire. Me dijo que era paramédico fuera de servicio y me hice hacia atrás para que aplicara los primeros auxilios a la pareja.

Estoy segura de que me veía confundida cuando llegó la policía y me dijo que podía retirarme. La gracia del milagro inundó mi cabeza. Había recibido todo lo que necesitaba, en el momento en que lo había solicitado. Por primera vez en la vida entendí que, en realidad, estamos muy seguros. Nuestros ángeles están apenas a un susurro de distancia, para llevar a cabo la obra de Dios en nuestras vidas.

Me di cuenta de que apenas tenía tiempo suficiente para llegar a mi cita. Cuando llegué, recordé de repente, al atravesar por la puerta de la oficina, que iba toda vestida de blanco. Me quedé mirándome incrédula. Después de todo lo que había pasado, mi ropa estaba impecable.

DIANN ROCHE

*"Lo que somos es el don que Dios nos da; aquello que llegamos
a ser es el regalo que damos a Dios."*
—Anónimo

SIN CULPAS

Iba en mi auto, *tensa y cansada, camino a las montañas del sur de*
California. Era novata en el programa de los doce pasos.
Aun cuando había visto milagros en mi existencia, seguía
luchando por entender al Poder Superior que podía respon-
derme y que me respondería en lo personal.

Mientras repasaba las palabras del undécimo paso, "Por medio
de la oración y la meditación buscamos mejorar nuestro contacto consciente con Dios", la palabra *consciente* llamó mi atención una y otra vez. Era una época en la que preguntaba:
"¿Cómo se comunica Dios directamente conmigo por medio de
lo que llamamos contacto consciente?" Conocer, sin duda alguna, la presencia y el poderío de Dios resultaba simplemente
demasiado para la capacidad de mi intelecto.

En esa época, había algo de lo que estaba segura: ¡El desastre
de todos los aspectos de mi vida demostraba que me sentía verdadera, profunda e irreparablemente *culpable!* La deshonra había
permeado toda mi existencia, desde las golpizas y la violación,
hasta el alcoholismo y la ruina económica.

Así pues, en la carretera de California, mientras me dirigía
hacia el refugio en las montañas, le grité al Creador del Universo:

"¡Mira, necesito una señal! ¡Tengamos un contacto consciente! ¡Algo concreto! ¡Ya! ¡Hazme saber que eres real! Llega a mí. Envíame un mensaje, para que en mi mente no quede duda alguna de tu existencia". (¡Cuando uno es ignorante, puede salirse con la suya con este método!)

Cuando dejé de gritar, un auto compacto, plateado, me rebasó. La placa personalizada de California decía SIN CULPAS. Me quedé congelada ante la certidumbre de que éste era el mensaje que mi Poder Superior quería que recibiera. Dios me enviaba un mensaje de amor y reconciliación, un mensaje de que no somos nuestros errores, no somos nuestras heridas. No somos nuestras circunstancias. Somos seres amados.

Empecé a creer que estaba destinada a tener una vida con un propósito claro. Sabía que estaba destinada a más de lo que había vivido en el pasado.

El fin de semana siguiente fui a la iglesia; ahí nos pidieron que nos pusiéramos de pie y declaráramos cuál era el propósito más alto de nuestra existencia. Me puse de pie y escuché que decía: "¡Pienso ser ministra!" ¿Qué? ¿Era cierto? En verdad; lo sabía. Además, como había recibido una señal de Dios, sabía que esta intención inesperada era simplemente una señal más sutil, otro recordatorio de que era muy querida. Estaba preparada para ir más allá de mí misma.

Pero eso no es todo...

Años más tarde, una mujer joven, que había sido golpeada y objeto de abuso sexual, estaba en mi congregación, en Kansas, cuando relaté esta historia. La siguiente semana, mientras ella comía, advirtió que un auto pequeño, plateado, se estacionaba frente a la ventana donde estaba sentada. La placa personalizada de Kansas decía: SIN CULPAS. La amiga que la había llevado a mi iglesia me llamó emocionada y dijo: "Tu mensaje dominical de perdón y amor ha calado muy hondo en mi amiga". Le di las gracias por contármelo y pensé en mi fuero interno, por un segundo: "Claro, ajá". Después de años de milagros y miles de coincidencias que me habían guiado a llevar una vida llena de gratificaciones, propósitos y alegría, había una parte de mi ser que todavía dudaba de "la mano invisible que nos ayuda". La mano Divina que vela permanentemente para despertarnos y guiarnos.

Esa noche, cuando iba en mi auto hacia casa, mi duda quedó borrada para siempre. Cuando ingresé en la cadena de autos que intentaban entrar en la carretera a la hora pico del tránsito, un auto compacto, plateado, que jamás he vuelto a ver, se colocó justo delante de mí. Y habrán adivinado que, como el auto de California, la placa personalizada de Kansas portaba el mensaje eterno de Dios para todos nosotros: ¡SIN CULPAS!

REV. MARY OMWAKE

CONSTRUYAMOS JUNTOS
EL FUTURO

❧

En 1965, tenía 35 años y cinco hijos pequeños. *Parecía que mi suerte en la vida estaba echada: era mamá de tiempo completo.* Quería muchísimo a mis hijos, pero algo me faltaba. Cuando niña y, después, de jovencita, había recibido una educación prolija y variada, que me había enseñado a cuestionar, a explorar y a aplicar mi intelecto. Los años fueron pasando y yo me fui deprimiendo cada vez más. Entonces, acudí a los libros para que me curaran. Leí con voracidad hasta que me topé con el libro toral de Abraham H. Maslow: *Hacia una psicología del ser,* un estudio sobre qué hace que las personas disfruten, estén bien y sean productivas, él lo llamaba "realizarse". Maslow considera que, sin excepción, estas personas tienen algo en común: valoran su trabajo.

Me di cuenta que yo no era neurótica, sino que estaba subdesarrollada en lo intelectual y lo espiritual. ¡La maternidad no era mi vocación! Valoraba la vida familiar, la disfrutaba, pero tener hijos no era mi "vocación". Hacia mediados de los años sesenta esta idea resultaba casi radical.

Poco después de esta epifanía, daba un paseo por el campo en Connecticut, en un providencial día de febrero, preguntándome cuál era mi verdadero propósito en la vida. La temperatura estaba bajo cero. Levanté la vista al cielo, repentinamente inspirada por el frío de aquel día, aunque asombrosamente bello, y le hice al universo algunas preguntas: ¿De qué se trata? ¿Cómo llegamos aquí? ¿Qué hecho de nuestros días es comparable con el nacimiento de Cristo? ¿Qué está ocurriéndole a nuestro planeta? Nacida en una familia judía agnóstica, no tenía antecedentes religiosos ni metafísicos de ningún género, pero cada vez me sentía más propensa a explorar estos temas genéricos de la existencia.

Mientras reflexionaba en tales preguntas que, aparentemente, carecían de respuesta, sentí que un mensaje me llegaba, como si estuviera a punto de ser premiada con una breve revelación del verdadero funcionamiento del mundo. Primero vi la guerra, la contaminación, el dolor. Sentí que la tierra luchaba por respirar, esforzándose por aguantar su carga. Después contemplé una luz, con los ojos de la mente: una luz planetaria, como la que han contemplado los místicos a lo largo de la historia. Sentí que esa luz bañaba la Tierra con amor y, en un segundo, captaba la atención de todo el mundo. Éramos un solo pueblo, habíamos sanado y formábamos una unidad con la Tierra: radiantes, plenos de alegría.

Escuché las palabras: *Nuestra historia es un alumbramiento. Aquello que Cristo y todos los grandes avatares vinieron a revelar a la Tierra está ocurriendo ahora. Somos un solo cuerpo. Nacemos a la vida universal. Ve y cuenta esta historia, Barbara.*

Me llené de alegría, ¡me había llegado mi vocación!

Para mí, el significado de esta visión era simple y claro: formamos una unidad con Dios y con la naturaleza; no sobreviviremos como planeta a menos que nos amemos los unos a los otros.

Aquella visión ha sido mi motivación desde hace más de 30 años. Puesto que doy conferencias, escribo libros y organizo grupos, he hablado con muchas personas, les he contado la historia de nuestro nacimiento y les he enseñado la importancia del amor y la paz. Antes de embarcarme en mi viaje, recuerdo que le dije a mis hijos, entonces todavía pequeños, que su madre era pionera, que jamás los abandonaría, pero que tenía que salir al mundo a contar esta historia. Mi hijo Wade, que tenía nueve años, me abrazó y me dijo: "Para eso son las madres: para construir el futuro".

Jamás me he conformado con sólo observar. En vez de ello, decidí tomar parte activa con otros para crear juntos una conciencia amorosa para esta generación y para otras futuras.

BARBARA MARX HUBBARD

AMIGAS PARA SIEMPRE

Por azar, me senté junto a Julie en un seminario sobre motivación. Tuvimos muchos momentos para contarnos cosas de nuestras vidas y descubrimos que teníamos un interés en común: nos apasionaban los aspectos espirituales y "ocultos" de la vida. Le dije que estaba estudiando los sueños. Este interés sería la argamasa que uniría nuestros caminos. Al terminar el día, intercambiamos tarjetas de presentación y la promesa de que volveríamos a reunirnos pronto.

Cuando salimos a comer, Julie comentó, de pasada, que había sentido un agudo dolor, de repente, en las pantorrillas. Los meses siguientes fueron una época medular, llena de emociones, en la vida de Julie. Cada vez se podía mover menos a causa del dolor y de los espasmos musculares. Toda una letanía de médicos generales, después neurólogos, trataron de diagnosticar su falta de control, cada vez mayor, de las extremidades. Después de interminables exámenes muy dolorosos, Julie no tenía ninguna respuesta contundente. Empezó a investigar por su cuenta.

Yo jamás había entendido bien lo que era el mal de Lou Gehrig (o ALS) hasta que Julie empezó a sospechar que ella padecía esta insidiosa enfermedad. Me ilustró respecto de los síntomas, los tratamientos, los efectos secundarios y, lo peor de todo, el pronóstico. Por desgracia, sus sospechas quedaron confirmadas.

Cinco años después de que conocí a Julie, ésta sabía que le quedaba poco tiempo. Sostuvimos largas charlas acerca de lo que creía sobre la muerte y el morir, también me dijo que no quería convertirse en una carga y que quería abandonar esta vida con dignidad. Julie también tuvo charlas con Dios, cada vez más frecuentes. Casi al final, escuchó una voz que le dijo que había llegado el momento de abandonar su casa e internarse en una pensión para que la cuidaran.

Julie hablaba, con frecuencia, de que quería abandonar este mundo y de que estaba preparada para partir. Fueron épocas muy difíciles para mí, aunque muy especiales, porque aprendí a vivir el momento presente cuando la visitaba. El tiempo se nos estaba agotando. Mi querida amiga estaba en las etapas activas de la muerte. La última vez que la visité, hicimos un pacto. Me dijo que se pondría en contacto conmigo, si era posible, después de muerta. Debido a un compromiso en otra ciudad, que no pude posponer, no estuve presente en los servicios funerales de Julie. Un mes después, mi marido y yo fuimos a pasar un fin de semana a una cabaña en la playa. Ahí, pude sanar y pensar en esta mujer asombrosamente valiente y fuerte, que me había enseñado tanto acerca del milagro del espíritu humano.

La segunda noche que pasamos ahí, tuve un sueño muy real e intenso, de Julie, parada en medio de nuestra habitación. Estaba radiante, entera, vibrante y sonriente. Me extendió sus brazos y me dio un fuerte abrazo; después me separó a la distancia de un brazo para que pudiera ver sus ojos y su alegría. Julie dijo claramente: "¡No morimos!" Esto era más que un sueño; yo sabía que había experimentado algo muy real. Resultaba lógico que Julie se hubiera puesto en contacto conmigo de esta manera. Sabía que la obra de mi vida estaba basada en el arte y los sueños. Sacudí a mi esposo para despertarlo y le dije que Julie me había visitado, le conté lo que me dijo y también que se veía estupenda.

Mientras volvíamos a casa, no pude dejar de pensar en el sentimiento y la imagen de Julie. Empecé a llorar y dije en mi fuero interno: "Julie, tu fuerza de espíritu y tu asombroso valor llegó a muchas vidas y corazones. Por mi parte, jamás volveré a ser la misma después de haberte conocido".

Antes de llegar a casa, nos detuvimos en nuestras oficinas para recoger la correspondencia del fin de semana. Encontré que había recibido un programa de los servicios funerales de Julie. Cuando abrí el sobre, encontré el rostro radiante y sonriente de Julie en la primera página de la invitación. ¡Era la mismísima imagen que había visto de ella en mi sueño! Un poema, escrito en Estados Unidos, que Julie había escogido antes de su muerte, estaba impreso en la página interior. Empezaba con las palabras: "No os detengáis ante mi tumba ni lloréis, porque yo no estoy ahí", y el último verso decía: "No os detengáis ante mi tumba ni lloréis, porque *no morimos*".

MARLENE L. KING

III
INTUICIÓN FEMENINA

"La paz es contemplar un atardecer y saber a quién darle las gracias."

—ANÓNIMO

UNA CARTA DE AMOR

*E*ra octubre y el día estaba fresco y soleado, perfecto para montar un rato al caer la tarde. Mi hija Janice montó su caballo preferido, Lady, y yo llevé al perro con nosotras. Seguimos la barda de la pastura, con las hojas rompiéndose abajo de las pezuñas y los pies, y hablamos acerca de la vida, del amor y los cambios. Hablamos de que éramos muy afortunadas de vivir en un lugar tan hermoso. Me contó de la nueva placa para su auto que había solicitado, diría *C'EST LA VIE*: "Así es la vida". La recibiría en enero. Había querido cambiar su placa actual FIESTÓN, por una nueva como LA RUBIA o VIVA EL SOL. Cuando manifesté mi asombro ante su elección final, me explicó que la había tomado en el último minuto. La gracia y elegancia de Janice, la mujer adulta, amorosa y tierna en que se había convertido, me llenaban de orgullo. A sus 22 años era hermosa por dentro y por fuera.

Al volver a casa me sentí más cerca de ella que nunca antes. Me di cuenta de que una era parte de la otra y de que siempre había sido así. Cuando le conté esto a mi marido y a una amiga me sugirieron que le escribiera a Janice una carta para decirle que me sentía muy unida a ella. Me pareció una idea estupenda y pensé que lo haría muy pronto. Las vacaciones llegaron y terminaron, y mis buenas intenciones quedaron sólo en eso.

El 28 de diciembre, a las 11:30 de la noche, me desperté de una pesadilla. Aquel día, mi marido y yo estábamos de vacaciones en Phoenix. Salí de la cama de hotel sin hacer ruido y traté de que la luz de la lámpara no lo despertara. Había estado pensando en

Janice y decidí escribirle la carta de amor. Mis pensamientos quedaron vertidos en el papel, donde le decía que nuestro paseo a caballo había sido muy especial, que me había sentido muy unida a ella y que siempre la querría mucho. Doblé la hoja, la guardé en el sobre y, relajada, volví a dormir apaciblemente.

A las 2:00 de la madrugada entró una llamada telefónica que destrozó nuestro mundo. El corazón de Janice había fallado, por un soplo de infancia. Teníamos que volver a casa. Nuestra hija no había sobrevivido.

Cuando nos dirigíamos a casa, agarré la carta con fuerza, como si ésta pudiera mantenernos unidas, de alguna manera. Cuando nos acercamos a la entrada del auto, un arco iris formaba una graciosa curva sobre la reja: un regalo de Janice. Escuché una voz en la mente que me decía: "Mamá, estoy en un lugar muy bello". Más adelante, ese día, el amigo que estuvo con ella hasta el final me contó lo que había ocurrido. Estaban paseando en su auto y ella estaba riendo cuando se derrumbó y cayó muerta. Advirtió que el reloj del tablero marcaba las 11:38 p.m. En ese momento me di cuenta que yo había escrito la carta a la misma hora. El consuelo que sentí al saber que en el momento de su transición estuvimos unidas por puro amor fue inconmensurable. Entonces supe que las palabras que le escribí a ella también estaban destinadas a mí. Ahora tenemos una relación nueva y diferente, nos sentimos más juntas y unidas que nunca antes. Y siempre estaremos unidas por puro amor.

Su placa nueva llegó poco después de su muerte. *C'EST LA VIE*, decía: "Así es la vida".

SUSAN MILES

REGALOS DEL CORAZÓN

Los regalos del corazón se necesitan, en especial, durante las fiestas. En este mundo apresurado, es mucho más fácil comprar algo con cargo a la tarjeta de crédito que dar un regalo desde el fondo del corazón.

Hace algunos años, empecé a preparar a mis cuatro hijos para que aceptaran la idea de que las Navidades no siempre iban a ser una gran fiesta. Si usted tiene hijos como los míos, sabe que la respuesta fue: "¡Sí, cómo no, mamá! Ya lo hemos oído antes". Ellos ya no creían mis palabras, porque les había dicho lo mismo el año anterior, cuando estaba pasando por mi divorcio; pero después me había lanzado a la calle y cargado todas las tarjetas de crédito al máximo, e incluso había inventado algunas técnicas de financiamiento muy creativas. Este año sería muy diferente, pero ellos no me creían.

Una semana antes de Navidad me pregunté: "¿Qué haré para que estas Navidades sean especiales?" En todas las casas en las que habíamos vivido antes del divorcio, me había tomado tiempo para ser la decoradora de interiores. Aprendí a empapelar muros, colocar tejas de cerámica, hacer cortinas con sábanas para que combinaran con las colchas, y más. En esta casa, no había mucho tiempo y sí mucho menos dinero. Además, estaba enojada con esta fea casa alquilada, con sus alfombras en rojo y naranja y sus muros en tonos turquesa y verde. Me negaba a invertir dinero en ella, porque una voz dentro de mí gritaba: "¡No vamos a estar aquí tanto tiempo!"

Aparentemente a nadie le importó, excepto a mi hija Lisa. Aun cuando sólo tenía ocho años, siempre había presentido que Lisa propendía más hacia la vida en familia que cualquiera de mis otros hijos. La mudanza había sido particularmente difícil para ella. Había perdido la seguridad de su viejo hogar y, para colmo, había salido de una habitación hermosamente decorada —empapelada con margaritas— que había sido su refugio especial.

Había llegado el momento de hacer uso de mis facultades. Llamé a mi ex marido para hablar sobre los regalos de los muchachos. Le pedí que le comprara a Lisa una colcha determinada y yo le compré el juego de sábanas.

En Nochebuena gasté quince dólares en un galón de pintura y también compré el papel más bonito que jamás haya visto. Mi meta era simple: pintaría y cosería y estaría ocupada hasta la mañana del día de Navidad, para no tener tiempo de sentir lástima de mí misma en una fiesta familiar tan especial.

Esa noche le di a cada uno de los niños tres hojas de papel con su sobre. En la parte superior de cada hoja estaba escrito: "Lo que me gusta de mi hermana Mia" o "Lo que me gusta de mi hermano Kris", o "Lo que me gusta de mi hermana Lisa" o "Lo que me gusta de mi hermano Erik". Los muchachos tenían quince, trece, ocho y seis años, y tuve que convencerlos de que eran capaces de encontrar aunque fuera una cosa que les gustara de sus hermanos. Mientras escribían en privado, subí a mi habitación para envolver unos cuantos regalos comprados en una tienda pequeña.

Cuando volví a la cocina habían terminado sus cartas y cerrado los sobres y todos intercambiamos abrazos y besos de buenas noches. Los pequeños se fueron corriendo a la cama y Lisa obtuvo permiso especial para dormir en mi cama, bajo la promesa de que no se asomaría a su cuarto hasta la mañana del día de Navidad.

Me puse en marcha. Terminé las cortinas, pinté los muros y, en las primeras horas de la mañana del día de Navidad, di unos pasos atrás para admirar mi obra maestra. Un momento, ¿por qué no pintar varios arco iris y nubes en los muros para que hicieran juego con las sábanas? Así salieron mis cepillos y esponjas de maquillaje y a las cinco de la mañana había terminado. Demasiado agotada para pensar en nuestra pobre casa destartalada, me dirigí a mi habitación, donde encontré a Lisa ocupando toda la cama. Decidí que no podía dormir con brazos y piernas encima, así que la levanté suavemente y la llevé cargando a su habitación. Cuando recosté su cabeza sobre la almohada, preguntó: "¿Mamá, ya es de día?"

"No, cariño. Deja tus ojos cerrados hasta que llegue Santa."

Me despertó Lisa dándome las gracias. "¡Ay, mamá, está bellísimo!" Todos nos levantamos, nos sentamos alrededor del árbol y abrimos los pocos regalos envueltos. Después cada uno de los niños recibió tres sobres. Leímos su contenido con lágrimas en los ojos y narices enrojecidas. Después llegamos al "bebé" de la familia, Erik, que por ser el más pequeño, no esperaba que se dijera nada amable de él. Kris había escrito: "Lo que más me gusta de mi hermano Erik es que no le teme a nada". Mia escribió: "Lo que más me gusta de mi hermano Erik es que puede hablar con todo el mundo". Lisa escribió: "¡Lo que más me gusta de mi hermano Erik es que puede treparse a los árboles, más alto que nadie!"

Los recuerdos están hechos de regalos del fondo del corazón. En términos económicos me he vuelto a levantar y, desde entonces, hemos tenido "grandes" Navidades, con muchos regalos bajo el árbol… pero cuando recordamos nuestras Navidades preferidas, hablamos de ésa.

Recuerdo sobre todo que sentí un suave tirón de mi manga, una manita acopada en torno a mi oreja y a Erik susurrando: "¡Caramba, mamá, no tenía idea de que les gustara lo que hago!"

SHERYL NICHOLSON

NO ES FÁCIL

La semana pasada, Jessie quería otra cama de la Barbie para re- poner la que su hermano había destrozado para sus Z-Bots y Mighty Morphin Power Rangers.

Esta semana Jessie quiere a Ryan, un muchacho que acaba de conocer. "Mamá, es tan fantástico", dice Jessie mordisquéandose la uña de un dedo. Yo le doy una zanahoria y la mastica con la misma determinación. "Qué bueno que fui al campamento de la iglesia. Este cuate, Ryan, es un encanto. Estaba en mi grupo familiar y estuvimos paseando por todo el campamento, tomados del brazo, todo el fin de semana. Dijo que yo era su hermanita".

"¿Cuántos años tiene Ryan?"

"Diecisiete. Tiene pelo rubio ensortijado, con el que se puede hacer cualquier cosa. Se pone como cinco ligas de toalla en el pelo, todas de una vez. La coleta le queda parada en la coronilla de la cabeza y el cabello jamás se le atora en su arete".

"Mmm… ¿Dónde vive Ryan?"

"Del otro lado del río. Acaba de llamar para preguntarme si quiero un aventón al grupo juvenil de los miércoles por la noche; él puede llevarme en su auto".

"No crees que este asunto de Ryan va en serio, ¿verdad? Acabas de decirle adiós en el campamento, ¿qué será… hace un par de horas?"

"Sí, pero ya sabes, está siendo amable y me quería decir que estará en el grupo juvenil este miércoles y… me gustaría saber si puedo ir".

Siento que la infancia de mi hija se desvanece. Puede ser. Los cinco años de diferencia entre Jessie y Ryan no son nada. No son como la diferencia de diecisiete años que hay entre su padre y yo. Podría ocurrir.

"¿El servicio del miércoles —pregunto—. ¿Qué pasó con el empleo para después de la escuela que aceptaste con los Tensfeldt? Si tienes que salir para ir al grupo juvenil a las seis, ¿cuándo vas a hacer la tarea? Y la temporada de pista va a empezar. 2 ó 3 kilómetros en esos Reebok nuevos, que costaron 59 dólares en rebaja, te van a llevar mucho tiempo".

"Pero, mamá, tengo que ir el miércoles. Él tiene mi liga de toalla azul".

De Barbie a Ryan en una semana. Se supone que esto no ocurre sino hasta segundo de secundaria.

"El miércoles suena bien". Bien para hacer la tarea y saltar en el trampolín y tener doce años, *no* quince. "¿Por qué no le llamas y le dices que lo verás ahí?"

"¿De veras? ¡Fenómeno!", Jessie sale bailando con el teléfono portátil.

Después de darse un regaderazo, encuentro a Jessie sentada en su cama, recargada contra la pared, rodeada por su colección de animales de peluche. Duke, nuestro perro *greyhound*, yace entre el colorido montón, con su cabeza en el regazo de Jessie. "¿Qué pasa?", pregunto dejándome caer en la mecedora que está junto a su cama.

"Mamá, me contestó una mujer y no era la madre de Ryan".

"Tal vez tenga una hermana", le contesto en el silencio.

Jessie gira los ojos: "Mamá, no tiene hermanas, sólo tiene hermanitos. Era Andrea".

"¿Quién es Andrea?" Me siento como si estuviera tratando de leer una novela que tuviera algunas hojas pegadas.

"Estaba en el campamento. También tiene diecisiete años y, en ocasiones, la veía agarrada de la mano de Ryan junto al río". Veo como se acumulan las lágrimas en los ojos de Jessie mientras se come la uña del meñique hasta abajo. Tomo la mano herida y Jessie me deja sostenerla al tiempo que se sube a mi regazo. En lugar de seguir mis impulsos y hacerle más preguntas o acallar este asunto de Ryan, me relajé y la mecí, porque no puedo hacer otra cosa.

Recuerdo cómo se sentía el no estar segura de mí misma. Lo importante que era saber que alguien, además de mis padres, me amaba. Y cómo me importaba lo que pensaba todo el mundo, menos mis padres. A su edad no sabía lo que quería, pero de todos modos lo perseguía con toda vehemencia.

"Sólo quiero gustarle a Ryan y a todo el mundo". Jessie logra hilvanar estas palabras entre gimoteos y se enjuga el rostro con el hombro de mi vestido. Me deja mecerla y juguetear enredando las puntas de su grueso cabello negro. Le canturreo una canción de cuna que antes cantábamos juntas, pero que ahora canto sola. Sé que no es fácil.

El amor es un proceso que ocurre en nuestro interior.

BURKY ACHILLES

EL PODER QUE TIENEN
LAS FLORES

Nuestros enemigos no son los que nos hacen más daño. En ocasiones, permitimos que quienes más nos quieren erosionen, poco a poco, día tras día, nuestra singularidad, individualidad y nuestro amor propio. Me di cuenta de esto el día que decidí que no quería flores en mi funeral.

Iba a impartir una Conferencia sobre Derechos Humanos. Fui a despedirme con un beso de la más pequeña de nuestras hijas, que aún estaba durmiendo.

Abrió un ojo y gruñó: "Corriente".

Me desconcertó: "¿Qué es 'corriente'?"

"Las flores de tu cabello, mamá. Es demasiado temprano para llevarlas."

Sonreí y me dirigí a la cochera. Al pasar por la cocina, la segunda hija levantó la vista del periódico y también se comunicó con una palabra: "Cursi".

Dejé de sonreír. Un "corriente" y un "cursi" es prácticamente lo más que aguanto al empezar la mañana. Cuando me miré al espejo, las palabras de la tercera hija me inquietaron: "Mamá, de las 300 personas que habrá ahí hoy, ¿cuántas llevarán flores en el cabello? ¿No te *sugiere* nada eso?"

Dejé las flores en mi cabello. Sabía que no era demasiado temprano. A decir verdad, era casi demasiado tarde.

Muchos años después, tras impartir una sesión sobre "Cómo vivir en forma creativa", para un grupo de ejecutivos dedicados a los bienes raíces, recibí una tarjeta por correo que decía: "Quiero que sepa que desde que escuché su charla la semana pasada, he estado poniéndome flores en el cabello".

Estaba firmada: "Wayne Cochran, Bienes Raíces".

ROSITA PEREZ

UN ÁNGEL PATRULLANDO

Berniece Johnson, *oficial de policía, cubría el turno de las horas muertas* en el centro de Portland, Oregon, una noche lluviosa y fría. Cuando hacía su recorrido, escuchó un aviso en la radio: que había ocurrido un accidente en uno de los ocho puentes de Portland.

La oficial Johnson estaba a una distancia de 20 minutos del lugar del accidente, pero "le latió" que debía acudir a ayudar al oficial que había respondido al llamado. La sensación que la embargaba no tenía lógica. Nadie había solicitado refuerzos y había oficiales que estaban más cerca de la escena que ella. No obstante, de cualquier manera, avanzó sobre el Marquam, uno de los ocho puentes que cruzan el río Willamette, y que separa el este de Portland del oeste.

El aviso fue atendido de inmediato, así que ella volvió a dirigir su patrulla hacia el otro lado de la ciudad. De nueva cuenta, tuvo la corazonada, y ésta le impidió tomar las entradas a los siguientes dos puentes. Se estaba acercando al puente Fremont, cuando escuchó que una voz interior le decía: "Da la vuelta aquí".

Cuando la oficial Johnson empezó a cruzar el Fremont, advirtió un pequeño auto indebidamente estacionado a un lado del camino. El auto tenía encendidas las luces intermitentes.

Al ver a un hombre y a una mujer en el auto detenido, inició su revisión de rutina. Se asomó al auto y preguntó: "¿Tienen algún problema?"

"Sí —dijo la mujer, con lágrimas corriéndole por el rostro—. Mi marido quiere tirarse del puente para suicidarse."

Las normas de procedimiento señalan que un oficial debe custodiar al suicida y llevárselo para que sea sometido a una evaluación. La intuición de la oficial Johnson le dijo que debía hablar con el hombre descorazonado que estaba sentado tras el volante, mirando hacia el frente.

Empezó por esgrimirle razones por las cuales no debía quitarse la vida. Le dijo que no había nada tan malo como para que él quisiera quitarse la vida. Quince minutos después, ya no sabía qué más decir. Parecía que él estaba a punto de romper a llorar. Ella lo confortó diciendo: "Es necesario ser un hombre fuerte y sensible para llorar. Así es como nos deshacemos de nuestros pesares". El hombre colocó la cabeza entre las manos, se desmoronó y empezó a llorar. La oficial Johnson oró en silencio: "¿Qué hago ahora?"

La oficial Johnson advirtió que, en el asiento trasero, había un niñito. Le habló al joven padre del dolor que ella había sentido de niña por tener un padre que no la apoyó emocionalmente. La oficial le recordó que, aun cuando estuviera pasando por algo abrumador, no obstante, podría amar y cuidar a su hijito. Podría estar ahí para darle cariño al niño, para darle aliento mientras crecía y para darle seguridad en este mundo.

El hombre lloró aun más fuerte y, en esta ocasión, la oficial Johnson escuchó que la voz de Dios le decía: "¡Cállate!" Volvió a orar en silencio: "¿Y ahora qué hago?" Le vino la idea de enviarle al hombre, conscientemente, una luz blanca que lo sanara. Mientras seguía dirigiendo el tránsito o sólo de pie junto al auto, temblando, siguió viéndolo envuelto por una luz blanca.

Una hora después, como la flor que responde al riego, el suicida se levantó de la lluvia de luz blanca de amor que le había mandado la oficial Johnson.

La oficial pidió al joven que se sentara un rato en su patrulla. Presentía que él quería hablar con ella, a solas, antes de que le permitiera irse. Le contó todos los errores que había cometido en la vida; le habló de sus problemas con su padre y madre; compartió con ella su sentimiento de desesperación. Luego empezó a comportarse de manera tierna y llena de paz, como si hubiera sometido sus emociones a una limpieza.

El hombre que había querido suicidarse agradeció a la oficial que hubiera estado ahí con él. Ella puso su mano en el brazo de él y le dijo en voz baja, gentilmente: "Antes de que te vayas quiero decirte algo: esta noche podrías haber ido a cualquier lugar... yo te habría encontrado de cualquier manera".

KAY ALLENBAUGH

"Aquello en lo que te concentres aumentará."
—Anónimo

LA FUERZA DE LA VISUALIZACIÓN

Cuando empecé a escribir mi libro, decidí que iba a visualizarme firmando ejemplares. Cuatro semanas después, me invitaron a asistir a la fiesta de Navidad que los Dodgers celebraban para los niños del centro de Los Ángeles. Mi pareja, que había sido *pitcher* del equipo, el propietario, el administrador y otros jugadores estarían presentes firmando autógrafos para los niños.

Cuando los niños llegaron se les regalaron pequeños cascos de béisbol. Los beisbolistas famosos firmarían los cascos de los niños. Se empezaron a formar colas de niños pequeños y emocionados delante de cada jugador. Era un regalo especial de Navidad para estos pequeños admiradores de los Dodgers.

Una niñita se me acercó y me entregó su casco para que lo firmara. Le expliqué que yo no era famosa, pero no aceptó mi negativa. Decidí que sería más fácil firmar y ya.

Sentía que todo el mundo me estaba mirando. Todo tipo de ideas pasaron por mi cabeza. Me imaginé a los jugadores preguntándose: "¿Quién es esta señora?" Supuse que estaban pensando: "¿Qué derecho tiene de autografiar un casco de los

Dodgers?" ¡Qué dirían los padres cuando vieran el casco y le-
yeran en él todos los nombres conocidos de los Dodgers y
además mi nombre!

Entonces me di cuenta. ¡De hecho, estaba firmando un
autógrafo! Esto era lo que había pedido en mi visualización.
Levanté la vista, sin estar preparada para lo que estaba viendo.
En los escasos segundos que tardé en firmar un autógrafo, delante de mí se había formado una larga línea de hermosos pequeños. Su presencia se había multiplicado. Cada uno de ellos
sujetaba un casco con sus bracitos estirados, esperando que lo
firmara. Ahí parada, hablando con los niños, firmando autógrafo tras autógrafo, me llené de emoción y gratitud. La fiesta
de Navidad era para los niños, pero ellos me estaban haciendo
un hermoso regalo. Había conocido la emoción de firmar
autógrafos.

Ahora, cuando practico la fuerza de la visualización, siempre
veo la imagen de niños inocentes y felices en el fondo de mi
mente, pues ellos son quienes saben que cualquier sueño puede
hacerse realidad.

DANIELLE MARIE

LA ABUELA SABE MÁS QUE NADIE

Mi madre creía en el principio más antiguo de la etiqueta: la nota de agradecimiento.

Cuando mi sobrina Maura tuvo su primer hijo, mi madre le envió una tarjeta y un cheque como regalo para su nueva bisnieta.

El cheque fue cobrado en el banco, así que mamá sabía que alguien lo había recibido, pero no tuvo noticia alguna de Maura.

Varios meses después le conté a mamá que Maura me había respondido de mala manera cuando le pregunté si había enviado una nota de agradecimiento a su abuela: "Tía Maggie, le envié a la abuela un agradecimiento 'cósmico'".

Mamá hizo una pausa.

"Dile a Maura que la próxima vez le mandaré un cheque cósmico".

MAGGIE BEDROSIAN

EL PLAN MAESTRO

Elaboré un plan maestro para mi vida,
bajo la luz del amanecer de mis años mozos
sin conocer, por ingenua,
la verdad que no podía saber.

Sólo pensé en mis horas felices,
dibujé días llenos de sol;
en mi horizonte no había una sola nube
que presagiara la tormenta en los caminos de Dios.

No dejé nada de espacio ni di cabida
para el dolor; no pude prever
que había dolor y pérdidas en el camino,
esperándome un poco más adelante.

No podía saber que mi primogénito
estaría tan poco tiempo aquí,
que dejaría tras de sí un vacío
semejante al de la hoja que cae.

No dejé espacio para las pérdidas;
sólo hice planes para lo bueno,
así que esperaba un arco iris,
pero no me preparé para la lluvia.

Mi plan se dirigía al gran éxito;
no había página alguna de derrotas,
no había pasos lentos, de desaliento,
para recorrer mi calle particular.

Después, cuando la vida no siguió
el plan que yo había trazado,
fui incapaz de entenderlo y
me quedé asombrada.

La vida tenía otros planes para mí
y, sabiamente, los mantuvo en secreto
hasta que aprendí que necesitaba más
de lo que temerariamente había proyectado.

Ahora, en el ocaso gris de mi existencia,
bendecida con dolores y penas,
sé que la vida hace planes sabios:
sé que su plan fue el mejor.

GLADYS LAWLER (93 AÑOS)

IV
SUPERAR BARRERAS

"Cuando estés en una posición incómoda y todo esté en tu contra, cuando parezca que no puedes resistir un segundo más, jamás te rindas, pues es justo el punto y el momento cuando la marea cambiará."

—HARRIET BEECHER STOWE

EL DIBUJO DE JOE

asi todos sabemos que los primeros años en la escuela pueden marcarnos para toda la vida. Sabemos que, muchas veces, son fundamentales para triunfar en la vida y para nuestro amor propio. Los padres de Joe no eran la excepción. Se encargaron de que Joe tuviera un hogar lleno de cariño y comprensión, de que sus experiencias fueran estimulantes y enriquecedoras y de que aprendiera el abecedario y pudiera contar hasta diez. Sin duda, estaba listo para entrar al primer grado.

Joe fue a la escuela con gran entusiasmo. Le agradaban sus compañeros y ellos lo querían. Le agradaba su maestra y recibía aliento de ella y de sus padres. Todas las señales apuntaban al éxito, pero éste no le llegaba a Joe.

Tenía problemas para entender el rápido ritmo de su entorno. Cuando estaba a punto de entender, la maestra pasaba a otro tema y a otra lección difícil. Al terminar el primer grado, iba más atrasado que sus compañeros y estaba desanimado. Sus padres tenían la esperanza de que el verano trajera crecimiento y madurez para que el segundo grado fuera mejor.

Sin embargo, no lo fue y, al terminar el año escolar, la profesora sugirió que repitiera el curso, pero los padres de Joe se negaron. Al terminar el tercer grado, Joe estaba cada vez más atrasado, y el director sugirió que Joe reprobara el año. De nueva cuenta, sus padres se negaron.

Empezó el cuarto grado y los nervios de Joe eran un desastre. No quería ir a la escuela. Había pasado tres años sufriendo como el último de su grupo y, evidentemente, no quería volver a ir.

Había escuchado que el cuarto año era un grado muy difícil. Y lo era. Luchó todos los días y estudió todas las noches, pero siguió siendo el último, hasta una tenebrosa y oscura tarde de lluvia.

Las maestras tienen un sexto sentido para el clima. Los conceptos difíciles, como los quebrados, requieren días llenos de sol. El día empezó así, pero conforme la maestra empezaba la lección, la oscuridad cubrió el cielo y se desató un chubasco. Aunque ella se empeñaba en que los niños siguieran con la aritmética, los truenos y los relámpagos ganaron la batalla y captaron su atención. Distraídos por la tormenta, los chicos no estaban entendiendo la aritmética. Salvo Joe. Él entendía. Tuvo todas las respuestas correctas. La maestra le dio unas palmaditas en la espalda y le pidió que se dirigiera a los otros niños y les explicara lo que había hecho. Joe, sonriente y feliz con el éxito que acababa de encontrar, se movía con rapidez por todo el salón de clases.

Cuando la hora de aritmética terminó, la maestra entregó a cada niño una hoja en blanco. Era la hora de dibujo. Y todos los niños hicieron lo esperado: los días oscuros y tristes siempre piden crayones oscuros y dibujos sombríos. Y hoy no era la excepción. Salvo en el caso de Joe, quien usó amarillo fuerte, naranja y rojo. Un enorme sol brillante llenaba su hoja.

Joe empezó a mejorar y se ganó el pase al siguiente año. La maestra de cuarto año sentía curiosidad por los cambios que se habían operado en él y siguió con interés su aprovechamiento en los años de secundaria. ¿Por qué había cambiado Joe en ese día oscuro y triste? ¿Quién puede saber en qué momento una maestra influye sobre un estudiante?

Joe no fue el primero de su grupo. No era necesario. Había triunfado y lo sabía; después de la graduación, Joe entró al ejército y fue enviado a Vietnam. No volvió a casa.

Al saber que Joe había muerto, la maestra de cuarto grado fue a su casa a dar el pésame. La madre de Joe la recibió diciéndole que había algo en el cuarto de Joe que quería que viera. Cuando entraron en la habitación, la madre apuntó hacia la posesión más querida de Joe. Colgando del muro, sobre su cama, bellamente enmarcado, estaba su dibujo del enorme sol brillante, en amarillo fuerte, naranja y rojo. Celebraba el día lluvioso en que él despertó a su brillo personal. Al pie de su dibujo, Joe había escrito, con enormes letras mayúsculas: ESTE DÍA ME VOLVÍ LISTO.

PHYLLIS MABRY

EN UNA CUEVA

¿Qué impide que hagas todo aquello que has soñado? ¿Podría ser el miedo? En mi caso lo es. Por eso me inscribí en un "Taller para superar tus miedos y las ideas que te limitan", en California. Estaba dispuesta a hacer el esfuerzo necesario para superar otro grado de miedo en mi existencia.

En realidad no sé qué esperaba. ¡Me imaginaba sentada en círculo y sosteniendo sensatas conversaciones sobre nuestros miedos, rezando por ellos y nada más!

Pero aquí estoy. Acabo de llegar a la posada y lo primero que hacen es treparnos a todos en un autobús y llevarnos al fin del mundo, "donde da la vuelta el aire", en California. Ahí nos dicen que, nosotros solos, ¡vamos a *descender con una cuerda* por una grieta de menos de un metro de ancho y cincuenta metros de profundidad, a una cueva oscura! Ahora bien, nadie me dijo que *esto* era parte del programa. Héme aquí, con mi bonito atuendo y mis tenis dorados, con mi bisutería haciéndole juego a mi ropa, y cada cabello en su lugar.

Las alturas no son mi especialidad. Toda la vida he dicho que me mareo con subir a un banquillo alto. Nunca me he roto un solo hueso del cuerpo, ni tengo intención de hacerlo. Jamás he hecho nada que represente el menor riesgo para mi físico. ¡He de decirles que mi posición era verdaderamente de altura! Es mucho más fácil *hablar* de nuestros miedos que superarlos.

Recuerdo que pensaba: *esto no puede estar ocurriendo.* "Inmenso terror" son palabras suaves. Estaba muerta de miedo. Cada pretensión, cada fingimiento salió volando por la puerta. Estaba como idiota, babeando y gimoteando. Pensaba: ¿Cómo puedo salir de esto sin parecer una idiota? Me decían cosas como: "Si no haces esto, tendrás que irte a tu casa y no habrá reembolso". Bueno, ¡captaron mi atención de inmediato!

Sabía que era algo que iba mucho más allá del dinero. Este salto, en mi caso, verdaderamente tocaba un punto central de miedo. A pesar de que sabía que tenía que hacerlo, *¡no quería hacerlo!* Nos dieron cinco minutos de instrucción. ¿Y ya? Me sentía tan mal preparada. Repetía para mis adentros: "¿dónde está la 'verdadera' información que me diga cómo hacer esto?"

Me dieron un par de guantes y me amarraron a un tipo de cuerda. Empecé a hablarme, literalmente, de manera atropellada e incoherente. Demasiado asustada para llorar, estaba enloquecida, me sentía víctima... furiosa... torpe... asustada... sola. *¿Tenía que hacerlo yo sola?*

Recuerdo que oí que me decían: "El siguiente paso que des no tiene retorno".

Repuse: "¡Dios mío!"

"Cuando saltes de este risco quedarás absolutamente a merced", me advirtieron. "¡Si no mueves la cuerda, te quedarás colgando en el espacio el resto de tus días!"

Soy una muchacha de Alabama. Encontrarme en medio de California con todos esos desconocidos y a 320 kilómetros, cuando menos, del *Neiman Marcus* más cercano, me colocaba completamente fuera de mi ambiente.

Un muchacho del grupo era oficial naval de carrera, de rescate marino aéreo. ¡El hombre estaba silbando! Sentía ganas de abofetearlo por engreído.

Por fin llegó mi turno, *sabía* que tenía que hacerlo. ¡Podrán imaginar el pánico que sentí y lo que requerí para dar el salto desde ese acantilado! Jamás había sentido tanto miedo en toda la *vida*... pero salté y empecé a descender por la cuerda.

Cuando iba a medio camino, las personas que ya habían descendido empezaron a gritarme: "Mira a tu alrededor, es bellísimo"; pero yo estaba profundamente concentrada y repitiendo: "¡Jesucristo, Jesucristo, Jesucristo!" Me pareció que pasaban muchas horas, pero seguramente no fueron más de 30 minutos, mientras iba bajando hasta el suelo de la caverna.

Cuando por fin llegué al fondo y me habían desenganchado, caí de rodillas, besé el suelo de la cueva y dije: "¡Gracias, Dios mío!", mientras me embargaba una temblorina nerviosa al viejo estilo del sur: temblaba, lloraba y gritaba. El hombre que trabajaba ahí, mientras me desenganchaba, dijo: "¿Señora, se encuentra bien?" Le contesté: "Déjeme sola. Estoy bien".

Entonces supe que si otra persona hubiera quedado atrapada en el fondo de esa cueva, yo habría hecho todo lo posible para rescatarla. Siempre había estado ahí para los demás. Sin embargo, parada en esa cueva, descubrí que podía estar ahí para mí misma. Había enfrentado mi miedo y había rescatado a la niña asustada que llevaba dentro.

Un sabio dijo que el verdadero valor no es la ausencia de miedo, sino aprender a actuar en presencia del miedo.

Alguien aun más sabio dijo: "Rebaño mío, no temas. Alabado sea el Señor. Siempre estoy con vosotros".

REV. EDWENE GAINES

LA BODA PERFECTA

Había esperado mucho tiempo para que mi maravilloso David llegara a mi vida y quería que nuestra boda fuera perfecta. Para calmar mis nervios antes de que ese día llegara decidí ser la novia más organizada de la historia. Todo detalle imaginable respecto de la ceremonia y la recepción entró en mi computadora. Sin embargo, había algo que no podía controlar y que me molestaba mucho.

Mindy, la hija adolescente de David, que vivía en Chicago, vendría a California para nuestra boda. En meses recientes, la comunicación con quien pronto sería mi hijastra había estado llena de explosiones y silencios, mientras ella luchaba por adaptarse a la nueva vida de su padre.

Entendía su confusión, pero David y yo estábamos haciendo nuestro mejor esfuerzo para que ella sintiera que formaba parte de nuestras vidas. En esos momentos, cuando parecía que ella no estaba dispuesta a encontrarnos a la mitad del camino, nos preguntábamos si acaso era conveniente insistir en que asistiera a nuestra boda. No obstante, le enviamos su boleto de avión, con la mejor de las intenciones.

El día de la boda, mientras me estaba vistiendo, escuché a Mindy y su tía Jan, en el cuarto de junto, discutiendo sobre la ropa que debería ponerse Mindy. Sabía que no debía intervenir en la discusión, pero mi curiosidad ganó la partida. Al asomarme a su disputa, mi corazón sufrió un desencanto. Mindy se había puesto un holgado vestido campesino de los años cincuenta, con tobilleras azul marino y zapatos que

parecían botas de campaña. "No lo tomes como algo personal —me dije—. No permitas que te eche a perder el día."
No obstante, sentí alivio cuando Jan finalmente convenció a
Mindy de que se pusiera un vestido azul marino con perlas y
zapatillas.

En la iglesia, Mindy aguantó estoicamente la etapa de las
fotografías. Dijo que los zapatos le lastimaban, pero yo sabía
que su molestia era mucho más profunda. No sabía de qué
manera acercármele y gran parte del tiempo estuve demasiado embebida en los acontecimientos como para preocuparme por su estado de ánimo. Sin embargo, en el hotel,
cuando la orquesta empezó a tocar la primera pieza, noté que
había desaparecido.

"¿La has visto?", le pregunté a David.

"¡Ajá! Me pidió la llave del cuarto."

Me lamenté. Tuve la imagen de un cuarto lleno de papel
higiénico o una cama con las sábanas dobladas en corto.

"Quería cambiarse de ropa", dijo David levantando los
hombros.

Cuando la orquesta anunció que había llegado el momento
de que nuestras familias también pasaran a la pista a bailar,
Mindy reapareció con su vestido holgado y sus botas de campaña. David la tomó de la mano y la llevó por todo el salón con
un suave paso de baile. Encontré en sus movimientos tiesos
toda la torpeza de mi adolescencia y en el rostro de mi marido,
el orgullo y gusto que cualquier padre siente cuando baila con
su hija. Evidentemente, en esos momentos a David no le importaba la ropa que se había puesto Mindy, y a mí tampoco.
Estaba contenta de que estuviera ahí.

Cuando terminó la recepción y nos dirigimos a la *suite* nupcial, lo único que se encontraba fuera de su lugar era una hoja
de la papelería del hotel: estaba doblada sobre la cama. David la
desdobló y me la entregó con lágrimas en los ojos. "Queridos

Papá y Penny: Felicidades. Los quiero mucho a los dos. Besos, Mindy."

Después de todo, la boda sí fue perfecta.

PENELOPE PIETRAS

"La vida es una aventura audaz… o no es nada."
—HELLEN KELLER

ENCUENTROS CERCANOS

Mi amiga con la que a menudo navego en kayac recibió una llamada de un amigo del oeste medio, quien practica el canotaje. Acababan de obtener el permiso para recorrer el muy disputado río Selway en Idaho, un río que lo mismo puede llevarte a un féretro que elevarte el espíritu. Sólo se dan 40 permisos al año para recorrer este río, y nosotras siempre estábamos entre las 14000 personas que lo solicitaban. Nos habíamos sacado el premio gordo. La fecha en que nos habían "aceptado" para este indómito viaje de seis días en kayak era el domingo entrante.

Mi nerviosismo aumentó cuando recordé que, tres veranos antes, en esta misma época del año, habían muerto varios en el Selway. Mis amigos de navegación en kayak habían sido los desafortunados remeros en llegar primero al escenario. Tratándose de los relatos sobre las peripecias que ocurren en las travesías en kayak nunca faltan los detalles gráficos y, antes de siquiera conocer el río Selway, yo sabía exactamente dónde se había accidentado el bote y dónde habían encontrado los cuerpos.

Nos reunimos con nuestros amigos a 55 kilómetros de distancia del punto de entrada y analizamos los detalles del recorrido.

El río corría a tres o cuatro veces la velocidad que cabe esperar para un río de alta montaña. El estómago se me hizo un nudo. Caminé a la ribera del río y me concentré en la tarea presente. Pedí a Dios un recorrido seguro. En el fondo de mi corazón necesitaba saber que estaba preparada y lista para enfrentarme al Selway en la altura.

Tenía muchos motivos para estar nerviosa. Eran ocho kilómetros de aguas indómitas, de la Clase IV y la Clase V; es decir, agua que produce espuma, bate con fuerza, se arremolina formando olas de las dimensiones de una casa y deja vacíos del tamaño de un camión que se tragan lo inesperado. Llevaba dos días de lluvia incesante y el río había estado creciendo constantemente, igual que mi angustia.

Mis amigos que practican el remo en kayak, (todos hombres), habían tratado de calmar mi nerviosismo diciéndome que, si no quería recorrer la "savia", podría recorrer a pie el mismo trayecto junto al río. No obstante, la última vez que uno de ellos había recorrido a pie el trayecto, cargando su bote, una víbora de cascabel había atacado el kayak. "Elige tu forma de morir", pensé para mis adentros.

Tenía los nervios de punta, estaba muy sensible y mi respiración se desbocaba: todos los síntomas que uno no puede tener cuando debe concentrarse en interpretar las señales del agua. Como sólo peso sesenta kilos, floto más alto en el agua que mis compañeros del sexo masculino; una de sus paletadas es igual a dos y media de las mías.

Logré salir del pequeño remolino sin mayores problemas, un poco más arriba de la amenaza más grande del día: la bajada llamada "Ladle". Escuché que mis amigos gritaban aquella frase conocida: "¡Debes querer hacerlo!"

Me había acercado demasiado al remero que iba adelante de mí. La situación era peligrosa para ambos. No me estaba fijando en el agua, estaba siguiendo a otro remero, y ahí fue donde empezó a desatarse todo.

Mi bote fue arrastrado por el agua espumante. Me encontraba a seis metros a la derecha del punto donde se podía pasar sin problema. Sin tiempo para darme cuenta, me encontré con el hueco de 12 metros en el acantilado, que parecía un guardián desde la orilla, justo debajo de mí. El tiempo se detuvo cuando mi bote saltó en picada al vacío. Inicié mi marometa sobre el acantilado de dos metros y fui a dar hasta abajo, a las aguas agitadas. Caí boca abajo, en algo que parecía una lavadora. Fuerzas turbulentas, poderosas e inexplicables me absorbían, me expulsaban y me jalaban hacia abajo. Perdí el remo de entre las manos, pero milagrosamente volvió a mi mano cuando llegué al próximo torrente. *Así es, uno debe querer hacerlo.* Enderecé el kayak con un movimiento veloz y brusco.

Con ese movimiento me coloqué en medio de un enorme espacio de agua blanca, rodeada de una calma absoluta. Me recuperé, agradecí a Dios, reí nerviosamente, di dos paletadas hacia atrás y me lancé a recorrer el resto de la bajada. Inclinada hacia el frente, remé con fuerza y, segundos después, había alcanzado a los otros remeros en el remolino abajo del Ladle. Los vivas y los aplausos me hicieron romper en llanto. El placer de estar con vida era inmenso. Había sobrevivido gracias a mi habilidad y a la gracia de Dios.

Esa primera noche en el campamento, volví a acercarme a la ribera del río para dar gracias y orar por mi seguridad en los kilómetros de río que tenía por delante.

Ninguno de los tramos del resto del recorrido fue fácil, pues cualquiera de las siguientes caídas de agua blanca podría fácilmente haber volado mi popa. Sin embargo, en cada caída entraba remando con más seguridad que en la anterior.

¿Fue mi último viaje lleno de peligros? En absoluto. Sigo buscando aventuras, una y otra vez. Alguien podría considerar que el dar una marometa en el vacío fue algo espantoso y que "por suerte" pude remar para salir del hueco. No obstante, yo prefiero pensar que ése fue mi mejor momento.

KIMBERLY JACOBSEN

LA JOYA DE LA SEÑORA GOLDBERG

Fueron más de 18 000 los judíos en Europa central que huyeron del régimen de Hitler y encontraron refugio en la ciudad de Shanghai, en China… y mis padres estaban entre ellos.

Durante años, Shanghai había sido el receptáculo de los restos flotantes y los desechos que arrojaba el mundo entero, por un motivo u otro. La llegada de los judíos europeos, entre 1938 y 1939, fue la última aportación a esta sobrepoblada y atestada metrópolis de la costa de China.

Cuando mis padres se dieron cuenta de que tenían que abandonar Alemania o, de lo contrario, morirían, la mayor parte de los países había cerrado sus puertas a los emigrantes. El pasaje, en los pocos barcos que había viajado hacia el oriente, costaba todo el dinero del mundo, cuando se podía conseguir.

Circunstancias milagrosas, situaciones extrañas y acontecimientos inexplicables permitieron que mis padres consiguieran pasaje, a último hora, en un barco alemán de lujo que zarparía para China en cuestión de doce horas. Teníamos que estar listos. Lo logramos.

Al llegar a Shanghai, nos recibió una enorme svástica negra, ondeando desafiante en el centro de la bandera rojiblanca del Reich de los Mil Años, batiendo en el aire, erguida sobre la bahía, en el techo del consulado de Alemania. Tal vez la promesa de Adolfo Hitler se había cumplido y "su mano llegaba a todas partes".

En el momento en que pisamos suelo chino se nos declaró "apátridas", posición difícil para los extranjeros en una tierra extraña. Al igual que los demás refugiados, nuestra pequeña familia luchó por sobrevivir y el poco sustento que mi padre pudo proporcionarnos se terminó abruptamente cuando Estados Unidos declaró la guerra a Japón.

El día de Pearl Harbor, las tropas japonesas ocuparon Shanghai. Se formó el eje de Alemania, Italia y Japón y, de nueva cuenta, la vida de los judíos se vio amenazada. Los japoneses ordenaron que toda la población de judíos refugiados se concentrara en una zona determinada (la peor parte de la ciudad, que ya estaba ocupada por miles de nativos), lo cual impidió que hubiéramos echado las raíces suficientes para considerar ese sitio como nuestro "hogar".

Lo primero que aprendí "encarcelada" ahí fue que los hombres estaban furiosos por su encierro y que las mujeres hacían cortinas. Mi madre cortó un vestido de noche, que no le servía de nada, para hacer los volantes y paños de la única cortina del cuarto de tres por cuatro que sería nuestra casa durante los seis años siguientes.

Vivíamos encimados, en condiciones en verdad arduas, pero no tardamos en sacarles el mayor provecho posible. A unos les fue mejor que a otros; entre quienes marcaron una diferencia en mi existencia, a los once años, estaba la señora Rosa Goldberg, regordeta, de mediana edad y con rostro redondo.

Para encontrar cierto alivio del aire irrespirable, húmedo y caliente de los interminables días de verano de Shanghai, Rosa Goldberg colocaba su banquillo de tres patas en un lugar sombreado, en nuestra calle apestosa y llena de basura, sin que le importaran, aparentemente, los ríos de orina y las hileras de "panales", llenos hasta el tope de heces humanas. Amigable y jovial, conocía por su nombre a la mayoría de los habitantes de nuestra pequeña "calle". Nos saludaba todas las mañanas con una sonrisa alegre, un brillo cálido en sus ojos café oscuro y, con su acento de "tendera judía de embutidos", nos soltaba por el camino uno que otro trocito de sabiduría. El mensaje que me enviaba a mí jamás varió.

Cada mañana, cuando me dirigía a nuestra improvisada aula en el almacén, ella me detenía, extendía su mano para agarrar la mía, me jalaba colocándome a su lado, me miraba al rostro y preguntaba: "Y bueno, ¿qué te dice la señora Goldberg todos los días, muchachita?"

Puesto que conocía bien su juego, yo sacudía la cabeza, decía en voz baja no-lo-sé y esperaba.

"Bueno, querida, la señora Goldberg tendrá que repetírtelo otra vez. Escucha y recuerda lo que te digo", decía mandona. *"Ve por ahí y haz un milagro hoy. Dios está ocupado y no puede hacerlo todo."*

Su rostro se iluminaba al mirarme y soltaba mi mano. Con una cariñosa palmadita en la espalda, me dejaba seguir mi camino; así le daba un propósito al día y un significado a mi existencia, que serán míos mientras viva. Ella me dio alas para volar, me abrió los ojos a un mundo que necesitaba milagros y me brindó la seguridad de saber que yo podía cumplir la obra de Dios.

A la fecha, cada día de mi existencia, toda vez que salgo de casa, escucho la voz rasposa y gruesa de Rosa Goldberg llamándome, y recuerdo que debo *ir por ahí y hacer un milagro hoy, que Dios está ocupado y no puede hacerlo todo.*

URSULA BACON

EL DÍA ESPECIAL DE MAMÁ

A principio de los años ochenta, cuando mis dos hijos empezaban a gatear, los enviaba a una guardería mientras yo estaba trabajando. Como miles de madres trabajadoras más, estaba muy preocupada por los artículos y noticias sobre los efectos negativos que acarrean las guarderías en los niños pequeños. A pesar de que la cantidad de mujeres que trabajaban iba en aumento, el mensaje de la sociedad parecía ser: "Las madres deben estar en su hogar con sus hijos". ¡Punto final! Se acabó la discusión.

Aun cuando hacía todo lo posible por equilibrar una vida familiar sana con una carrera profesional emprendedora, me sentía llena de culpas y dudas. "¿Estaré arruinando a mis hijos para siempre por mandarlos a la guardería? ¿Me lo reprocharán? ¿Debería ser una mamá de las que se quedan en casa?"

El Día de las Madres de 1993, en el festejo tradicional de este día, por el octavo grado, mis preguntas encontraron una respuesta del todo inesperada. Para celebrar el día, los muchachos habían escrito versos con el tema de la madre. Ahí, sentada, escuché poemas que describían a madres que hacían galletas, disfraces de Halloween, organizaban fiestas y llevaban a grupos de niños en su auto a la escuela. Hubo risas y muchas lágrimas cuando escuchamos cómo nos veían nuestros hijos adolescentes.

Entonces le tocó su turno a Justin. Mientras pasaba al frente del salón, aguanté la respiración y el estómago me dio un vuelco. ¿Cómo me describiría su poema?

MI MADRE

¿Cómo te recordaré?
Sólo con los recuerdos que dejes en mí.
Tu recuerdo será tan suave y colorido
como el pétalo de una rosa joven.
Una mujer dueña de su negocio y triunfadora,
te recordaré por cómo alcanzaste tus sueños,
por cómo cuidaste a tus hijos mientras llegabas a la cima.

Dos niños, inquietos como monos.
Has sido una gran madre, una gran esposa, una gran persona.
Mamá, ¿cómo lo lograste?

Se contarán leyendas de ti, mamá.
Cuando necesité ayuda, ahí estabas.
Tu hombro era un lugar en el que podía descansar mi cabeza.

¿Qué haría sin ti?
¿Cómo podría vivir?
Lo que trato de decirte, mamá, es que te quiero mucho.

—Justin

En esos pocos momentos maravillosos, cuando escuché sus palabras, todas mis dudas y temores por ser una madre que trabaja llegaron a su fin. En ese mismo lugar y en aquel momento supe, después de muchos años de nanas, campamentos y guarderías, que mi hijo no tenía resentimiento alguno contra mí. Por lo contrario, me hizo saber que, a lo largo de todo el camino, yo siempre había estado ahí cuando él me había necesitado. Me hizo saber que se sentía orgulloso de mí.

Cuando terminó de leer su poema, me miró, sentada en la primera fila del público. Me lanzó esa brillante y plateada sonrisa que sólo pueden lanzar los muchachos que llevan frenos. Mi primer impulso fue correr hacia él para abrazarlo —como se haría con un niño pequeño—, pero me aguanté las ganas. Justin era un jovencito de trece años y el proceso para "dejarlo volar" había empezado. El pulgar levantado de una madre orgullosa lo dijo todo.

CONNIE HILL

UN POCO MÁS

¿Tratas de estirate un poco más para tocar el cielo
o te quedas atrás, temerosa de intentarlo?
¿Tratas de entregarte un poco más para aprender cosas nuevas,
o titubeas y no cambias en nada?
¿Tratas de esforzarte un poco más para conocer tus límites,
o te dices "soy muy tímida"?
¿Tratas de esforzarte un poco más para encabezar al grupo,
o pierdes el tiempo mirando hacia atrás?
¿Tratas de llegar un poco más allá y luchas por
encontrar mejores caminos para agrandar tu mente?
¿Tratas de entregarte para querer y compartir,
para ayudar a que otros hagan cosas y se atrevan?
¿Tratas de alcanzar un poco más y esperas lo mejor,
o has abandonado la empresa?
¿Tratas de llegar un poco más allá y reclamas tu espacio,
aquí y ahora, en este momento y lugar?
¿Tratas de llegar un poco más allá y vuelas por lo alto,
o tristemente juegas a la segura una vez más?

SUZY SUTTON

V
VALOR PARA AVANZAR

"La vida se encoge o se extiende en proporción al valor personal."

—ANAÏS NIN

MÁS ALLÁ DE LOS MONTES GEMELOS

Siempre he pensado que las pesadillas tienen su lado bueno.

Una se despierta sana y salva.

Con la reconfortante realidad del día, una se acurruca entre las sábanas, mientras los latidos del corazón recobran su ritmo normal. Así es como se supone que avanzan las pesadillas: primero la pesadilla, después el alivio y, por último, la agradable sensación de que las cosas verdaderamente malas sólo pasan en los sueños.

Cuando menos, así eran las pesadillas para mí, hasta el día en que desperté en la sala de recuperación del Centro Médico de la Universidad de Duke y encontré a mi esposo George inclinado sobre mí. Le había pedido que me dijera la verdad en cuanto abriera los ojos. No podía soportar la idea de tener que mirarme para ver si aún estaba completa, si mis "montes gemelos" continuaban en el lugar de siempre, para saber si seguía estando "completa". George dijo: "Te quiero". Y después: "Fue maligno". Recuerdo estar en aquella cama, moviendo la cabeza de un lado a otro de la almohada y gritando: "¡No!", con tanta fuerza como me lo permitieron los restos de anestesia. Recuerdo que pensé: *¡Es una pesadilla… y estoy despierta!*

Tenía cáncer de mama y ello cambiaría mi vida. De repente, del todo y para siempre. No tenía seguridad. Ya no.

Ese día, acostada en el cuarto del hospital, medio consciente del silencioso ir y venir de la actividad a mi alrededor, veía desesperada cómo se escapaba por la puerta la sensación de seguridad que había tenido toda la vida. Aquí, además del cáncer y la mastectomía, estaba la pesadilla que nunca desaparecería... jamás habría seguridad ya. Al principio, el miedo tiñó todos los aspectos de mi existencia, incluso el lenguaje. Hasta mis enunciados se volvieron abruptos y entrecortados mientras me iba angustiando cada vez más.

Pero entonces, un día, pensé en mis padres, quienes habían sido poco comunes. Mi padre, profesor universitario, y mi madre, maestra, nunca optaron por los caminos trillados. Cada vez que tuve un problema, enfrenté una crisis o me topé con los diferentes y variados muros que siempre forman parte del hecho de crecer, uno o la otra exclamaban: "¡Me parece *fascinante!* Me pregunto cuántos caminos tienes para resolverlo". Y arrancábamos, estudiando las posibilidades y convirtiendo los problemas en aventuras.

Así, con el pavor de una enfermedad que amenazaba y alteraba mi existencia, empezó la fascinación de cómo manejarla; de cómo hacer frente a los nuevos retos. Empecé, con titubeos, a darle la casa a mi nuevo yo y a confrontar la nueva visión que otros tenían de mí.

Durante esta etapa en Duke, mi médico era, sin lugar a dudas, el hombre más seco que haya conocido jamás. Parecía un zar ruso, enorme y dramático, con una mata leonina de pelo blanco. Dondequiera que iba, un enjambre de admiradores vestidos de blanco trotaba detrás de él, libreta en mano, anotando cada palabra que pronunciaba. Casi puedo jurar que hasta las plantas de mi cuarto se erguían más cuando él entraba. Era brusco, iba al grano, siempre con prisa. El pavor que me revolvía el estómago era que este hombre, a cargo de mi salud —*de mi vida*—me hacía llorar de miedo. En una situación anormal, con una necesidad desesperada de consuelo y de una mano cariñosa sobre mi trémulo hombro, me sentía totalmente intimidada por este médico mandón y distante. Empecé a pensar en qué podría hacer para que él pensara que yo era una persona y no una enfermedad, presintiendo de alguna manera que esta relación aumentaría mi posibilidad de recuperación. (*Fascinante, ¿cuáles son mis opciones?*) Obtuve permiso para salir del hospital, me dirigí al centro comercial y mandé hacer una camiseta. Era una camiseta negra grande, con grandes letras blancas que decían: UNO DE LOS 10 MEJORES HOMBRES "DE PECHO" DE ESTADOS UNIDOS.

Se pueden dar una ligera idea del nerviosismo que me hizo un nudo en la garganta cuando le regalé esta boba camiseta al cirujano más connotado de Duke. La miró, rió y dijo asombrado: "¿Usted mandó hacer esto para *mí?*"

Y, una vez más, comprendí la situación: Todos somos iguales. No importa cuál sea nuestro papel, nuestra profesión, nuestra suerte en la vida, todos estamos buscando a otro que nos haga sentir importantes. Esa camiseta hizo que mi brillante médico, famoso en todo el mundo, se sintiera importante. ¿Pueden creerlo?

El hecho de hacer frente a la realidad con sinceridad, y el esfuerzo por manejarla de manera creativa, empezaron a afectar otros aspectos de mi vida. Mis relaciones familiares se estrecharon y se volvieron más abiertas. Dos semanas después de la mastectomía, mi hijo de 10 años y algunos de sus amigos entraron a la cocina donde me encontraba yo. Me miraron como buscando algo y Joe, finalmente, espetó: "¿Llevas puesto tu seno artificial?" "No", dije riendo, "lo dejé en el cuarto". Y salieron corriendo. Mi madre, que estaba de visita, me preguntó: "¿Estás segura de que quieres que tus hijos y sus amigos hablen de tu seno?" "Él tiene que hacer frente al hecho de que puede quedarse sin madre —contesté—. Si para ello tiene que llevarme a la escuela para exhibirme y contarlo, yo estaré con él. ¡Ahí tienes —le dije recordando todas las veces que ella me lo había dicho—: es una idea *fascinante!*"

Empezaron a ocurrir cosas maravillosas. Inicié una carrera impartiendo conferencias, lo cual me ha introducido en la comunidad empresarial y en los campos de la medicina, la educación, las instituciones caritativas y el gobierno. Mis conferencias no son siempre *sobre* el cáncer, sólo *por* el cáncer mismo. (*¡Fascinante! ¿Me pregunto cuántas maneras hay de celebrar todos los días las posibilidades nuevas, las maravillas de lo que nos aguarda en cada día por venir?*) Disfruta de tu voluntad para salirte del cuadro y observar lo que ocurre.

El hecho de tener cáncer me ha liberado para siempre de algo que llamo el síndrome de Scarlett O'Hara: "Puedo hacer una nueva amistad... mañana. Puedo causar un impacto... mañana. Puedo emprender un negocio nuevo... mañana. Puedo correr más riesgos... mañana". He recibido una bofetada que me ha hecho darme cuenta de que mi baraja tal vez no tenga cincuenta y dos cartas. Como no tengo el mañana asegurado, mi vida ha tomado una dirección singular y enriquecedora: el hoy.

¿No es esto... *fascinante*? Siempre creí que la vida se trataba de adquirir seguridad. Y, entonces, un gran maestro —el cáncer— me enseñó que la vida no se trata de eso. Me enseñó que las pesadillas pueden ser trampolines.

¿Cuán grande es la diferencia de salirse de los límites de lo esperado y, de lo común y corriente? Cinco años después de terminar la terapia de radiación que me habían recetado, leí en un periódico que "el médico de Duke" se presentaría en Charlotte en un simposio sobre el cáncer de mama. Cuando entré al fondo del auditorio para escuchar su ponencia, me vio y me llamó por mi nombre: "Emory, ¡Emory Austin!" Cinco años más tarde, 5 000 pacientes después, se acordaba de *mí*. "¡Caramba —pensé—, en verdad es *fascinante!*"

EMORY AUSTIN

"Y llegó el día cuando el riesgo de permanecer como botón cerrado resultaba más doloroso que el riesgo que exige florecer."
—Anónimo

RECORRIDO POR EL RÍO DE LA ABUNDANCIA

En el tiempo que duró la *"batalla por la pensión alimenticia para mi hijo"* terminé mis estudios de licenciatura, maestría y doctorado, al tiempo que trabajaba como terapeuta. Aun cuando tenía mucho éxito en los demás aspectos de mi vida, y estaba felizmente casada otra vez, resultaba del todo inepta para conseguir la pensión alimenticia de mi hijo.

Mi hijo tenía doce años y yo llevaba once años divorciada de su padre. En un punto de la "batalla" triunfé en una comparecencia en los tribunales y logré que subiera la aportación mensual de 100 a 125 dólares. A pesar de mis esfuerzos, él me pasó dinero un promedio de tres meses de cada 12.

Un día, mi marido me sugirió que despidiera al padre de Chris de su papel de proveedor que evidentemente aceptaba tan mal. Cuando pensé en la posibilidad de no pedirle más pensión alimenticia, descubrí que tenía una serie de ideas muy arraigadas.

Se supone que las mujeres no son proveedoras, lo son los hombres… Sus intenciones son buenas; hay que darle otra oportunidad… Es el único padre que tiene Chris… La vida es ardua, y cualquier cantidad de dinero que me dé será bienvenida…

Cuando empecé a analizar mis ideas y sentimientos con sinceridad, me di cuenta de que llevaba muchos años enojada. Estaba enojada por la injusticia de tener que luchar por mi escaso cheque mensual. Estaba enojada por las ideas y la ceguera que habían dado forma a mi dependencia.

Era muy difícil analizar los réditos que me produciría el seguir esperando ese cheque mensual. No quería deshacerme de mi enojo. Y, lo más difícil, no quería ver que mi enojo había limitado la capacidad de Chris para establecer una relación con su padre. Chris no podría establecer un vínculo con su padrastro Gay si antes no resolvía la relación con su padre.

Decidí dar un salto de fe. Respiré hondo, me senté y le escribí al padre de Chris, eximiéndolo de cualquier responsabilidad económica posterior. Sin culpas, añadí que estaba abandonando mi papel de mediadora en su relación. Cualquier contacto y relación quedaba en manos de ellos dos.

Cuando envié la carta, me sentí animada y como en blanco. Pero ¿era capaz de asumir la responsabilidad plena de mi bienestar material? La familiaridad de sentirme víctima era muy cómoda; la posibilidad de producir abundancia no lo era.

Pasé muchos días considerando cuáles posibilidades tenía. Era preciso deshacerme de las anclas del pasado. Me di cuenta de que había pasado muchos años llevando mi cubo a un pozo seco y quejándome de la falta de abundancia. Cuando me deshice de mi corta visión de la posibilidad, empecé a abrir los recursos mágicos del universo y el flujo de los ríos y océanos que podrían conducirme a mis sueños más acariciados.

Al año siguiente, mis ingresos se duplicaron, así como el respeto por mí misma; el año siguiente, se triplicaron.

Al no obtener respuesta de su padre, Chris pudo cerrar esa puerta y fue adoptado por Gay. Contemplé con gratitud cómo

Chris empezaba a buscar a Gay, de maneras conmovedoras y divertidas: mediante acaloradas conversaciones filosóficas o con chistes escatológicos mientras jugaban croquet.

La gente que conoce a Gay y a Chris por primera vez dice: "¡Cómo te pareces a tu padre, Chris!"

KATHLYN HENDRICKS

"Los obstáculos en la vida son para saltarlos."
—REV. SHARON POINDEXTER

LA HISTORIA DE ANN

El destino me visitó el 10 de septiembre de 1984 y mi vida, como había sido hasta entonces, se detuvo de un golpe. Esa mañana de lunes, mientras me arreglaba para ir a trabajar, me consideraba, sin duda, una persona autosuficiente e independiente. Tenía empleo, tenía un auto, había criado bien a mi familia y tenía muchos intereses y amigos. Mi vida estaba llena y ocupada.

Pero entonces me caí... y no podía moverme...

Desde el accidente automovilístico del año anterior, había sentido malestar en el cuello, y la mano y el brazo izquierdos se me dormían cada vez más. Encontré que podía aliviar el dolor y la presión del cuello si colgaba la cabeza por la orilla de la cama. Eso estaba haciendo aquella fatídica mañana cuando me caí de la cama y aterricé sobre la nuca. Cuando mi cuerpo chocó contra el suelo, sentí un dolor espantoso, como si me hubieran cortado la médula espinal con un cuchillo, y después una sensación de que un rayo corría por toda mi columna y salía por la punta de cada nervio. Después, nada... ¡Ninguna sensación, nada de movimiento! Me quedé derribada en el suelo, como caí, y no me pude mover. Me di cuenta de una horrible realidad: *¡Estoy paralizada!*

El choque de tal descubrimiento fue instantáneo. La angustia que sentí durante esos momentos era desesperada. "¡Oh, Dios, esto no!" En menos de diez segundos mi vida había pasado de la autosuficiencia al desamparo total. El teléfono empezó a sonar a sólo medio metro de distancia, y yo no podía mover una mano, ni un brazo ni parte alguna del cuerpo para contestarlo o descolgar el auricular. No podía pedir ayuda. Yacía ahí, aterrada. De repente, todo quedaba fuera de mi alcance y control. Estaba del todo consciente y dolorosamente al tanto de mi predicamento. Eran las 7:30 de la mañana. Todos habían salido de casa. Estaba sola. Nadie volvería antes de la tarde. ¿Seguiría con vida?

Empecé a imaginar el curso que probablemente seguiría este proceso. Dado que había perdido el funcionamiento motriz y por la sensación que había experimentado, era probable que mi cuerpo entero pronto empezara a cerrarse. La respiración se iría haciendo cada vez más difícil... hasta perder la conciencia. La mente siguió corriendo: ¿qué pasaría si me encontraran en estado de coma y no pudiera oponerme a que me mantuvieran viva con aparatos? La idea de la muerte inminente no era tan horrible como la posibilidad de tener que vivir dependiendo totalmente de la caridad y la buena voluntad de terceros. Me sentí aterrada. Una oleada intensa de autoconmiseración me embargó.

Entonces sentí que algo surgía de mi interior y se hacía cargo de la situación, como si dijera: "¡Deja de lamentarte! No puedes sonarte la nariz ni enjugarte las lágrimas, te ahogarás. Éste no es el momento de tenerte lástima. Usa el poco tiempo que te queda para poner tu casa interior en orden". Las emociones no tenían por qué dirigir el espectáculo. Podía prevalecer una sabiduría de orden superior. Empecé a hacer un buen análisis de mi vida, ahora que el final parecía estar cerca.

¿Cómo se prepara una para morir... conscientemente? No algún día cuando sea vieja, sino *ahora*, tal vez en cuestión de horas. Me saltó la idea de hacer "una confesión general en un acto de contrición", como me habían enseñado en mi infancia católica: pedir perdón en los casos que sabía que había cometido alguna falta contra alguien y extenderlo a mí misma, ahí donde había resentimientos.

Cuando terminé de repasar mi vida, sentí gran alivio. Vi que mi existencia había estado colmada de experiencias llenas de sentido: algunas fueron muy felices; muchas, dolorosas, pero había sido una existencia plena, con una serie de retos y oportunidades para que mi alma creciera. Podía perdonarme por mis fallas, que antes me habían parecido tan grandes.

Empecé a despedirme con la mente. Verdaderamente me destrozó, porque estaba muy apegada a mis seres queridos. Con profundo amor y cariño, me despedí de mis seres más cercanos. Me asombró ver cuántas personas habían influido en mi vida. Empecé a entender que todos estamos interrelacionados. En esos momentos, me resultó fácil amar al mundo y a todos sus habitantes.

Flotando en la ola de aceptación y amor tuve la sensación de que ¡había sido una buena existencia! La tranquilidad y la calma me embargaron. Estaba en paz. Todo miedo a la muerte se había desvanecido. El sol había salido en el horizonte. Respiraba en forma poco profunda y con trabajo. La muerte sería una visita bienvenida. Mi último pensamiento consciente fue: "A tus manos encomiendo mi espíritu, Señor".

Las siguientes semanas fueron nebulosas, en gran medida por la amnesia. Me contaron que mis compañeros de trabajo habían enviado una alarma de "¿Dónde está Ann?" cuando no llegué a trabajar ese lunes por la mañana. Se comunicaron con mi hermana, quien también "presintió" que algo andaba mal. Ella me encontró cerca del medio día. Los primeros días los pasé en cuidados intensivos, mi condición era crítica. Más adelante, me trasladaron a una unidad de rehabilitación neurológica.

Durante mis seis meses de inmovilidad se operó una gran transformación. Con frecuencia y a voluntad, divagaba a otra dimensión de la conciencia. Surgía con una nueva apreciación de la vida y un renovado sentimiento de propósito. Todavía tenía algo por hacer, muy diferente de todo lo que había hecho antes. Algo que podría hacer desde una silla de ruedas, si fuera necesario.

Pasé los dos años siguientes convalesciendo. Mis registros médicos dicen, en parte: "Fractura/dislocación de las vértebras C5–6, con la consecuente cuadriplegia, parálisis flácida y lesión incompleta de la espina dorsal". Lo anterior quiere decir que no podía darle la vuelta a la hoja de un libro, cepillarme los dientes, oprimir un botón de teléfono ni comer sola. Las piernas no me aguantaban, vivía con un catéter.

Después de pasar varios meses en tracción, una fusión espinal, otra nueva inmovilización en un corpiño Halo, rehabilitación física, curanderos alternativos y el amoroso apoyo de una gama variada de espíritus, mi recuperación superó el pronóstico médico más optimista. Esto lo confirmó una llamada de un médico de la sala de urgencias que dijo: "He estado repasando sus antecedentes y considero que su recuperación ha avanzado notablemente desde su accidente de hace dos años. Para satisfacer mi curiosidad, ¿me haría el favor de contestar algunas preguntas? Cuando la trajeron a urgencias con una lesión traumática de la espina dorsal, lo único que pudimos hacer fue inmovilizarla y mantener su espina alineada. La *curación* quedó en sus manos. ¿Cómo lo logró?"

Le conté de mi experiencia interior, del cambio de actitud que se había dado en mí. Como tenía tan poca energía, aprendí a no desperdiciar nada. Aprendí a buscar lo que es más medular e importante. Aprendí la gracia de la apreciación. Aprendí a estar quieta y a escuchar: a vivir dirigida hacia el interior. Este acercamiento a la muerte fue la llamada que me despertó a la vida.

¿Qué tiene que ver con mejorar físicamente? ¡Todo! Me abrí más a posibilidades nuevas y me volví más receptiva al flujo de buena voluntad y compasión que me ofrecían otros. Además de la medicina convencional, también recurrí a métodos de curación complementarios, desde acupuntura hasta caldo de pollo hecho con amor. En lo profesional, me volví a preparar para poder aconsejar a quienes necesitan elevar su espíritu.

Con mi trabajo, ahora aliento a personas comunes y corrientes a vivir vidas extraordinarias. Mi silla de ruedas es cosa del pasado. Muchas veces me olvido de los retos físicos que me quedan, pues mi vida es más rica y profunda de lo que hubiera creído posible. Lo que para muchos podría parecer una calamidad, para mí fue tan sólo un obstáculo de transformación que Dios sabía que podía saltar.

ANN V. GRABER

EL MUNDO DE CABEZA

Apenas había cumplido 16 años cuando me llevaron, con mi madre y mi hermana, al infamante campo de concentración de Auschwitz. Observé desesperada cuando mi madre era escoltada a las cámaras de gas. En ese momento, sentí que mi mundo se ponía al revés.

Lo que me sostuvo durante esa cadena de horrores fueron las palabras de mi madre. Cuando se la llevaban, nos rogó a mi hermana y a mí que viviéramos una existencia plena. Las últimas palabras que nos dirigió fueron: "Recuerden que les pueden quitar *todo, menos* lo que tengan en la mente".

Pasé de sentirme víctima de nuestros guardas a darme cuenta de que, muy posiblemente, en mi interior tenía los recursos para imponerme a ellos. De alguna manera, con mi determinación para vivir, superaría su decisión colectiva de eliminarnos.

Así pues, aun cuando me puse el uniforme a rayas y sometí mi cabello a la rasuradora, mentalmente me comprometí con volver a la normalidad, al hogar y a mis entrenamientos de gimnasia y baile.

Un oficial nazi se presentó para dar la "bienvenida" a los nuevos y preguntó cuáles "talentos" aportaríamos al campamento. Mis compañeras me empujaron al frente por mi preparación para el ballet. Me obligaron a bailar. Con los ojos cerrados, pensé que esta grotesca cárcel del horror era el Palacio de la Ópera de Budapest y bailé como nunca en mi vida. Esa noche descubrí la fuerza de "hacer una labor interior cuando hay que dar la cara al exterior".

Al día siguiente, nuestras barracas recibieron algunas raciones extra de parte del oficial nazi para quien yo había bailado, que era, ni más ni menos que el doctor Mengele, el "Ángel de la muerte" de Hitler, conocido porque enviaba a la gente a buscar su muerte a las "regaderas" si sus zapatos no estaban bien atados.

¿Tiene algo de extraño que, cuando la vida y la muerte se vuelven algo tan fortuito como lanzar una moneda al aire, la personalidad sufra cambios radicales? Las normas de "conducta" correcta aprendidas en mi protegida infancia fueron sustituidas por una especie de instinto animal, que inmediatamente olía el peligro y actuaba para evadirlo. Durante un trabajo especial, mi hermana fue asignada a una brigada que iría a otro campamento. No podía permitir que nos separaran, y me dirigí rápidamente a su lado. Creo que advertí un toque de diversión en el rostro del guarda cuando dirigió la vista hacia el otro lado, ignorando que nos habíamos tomado de la mano.

Al hacer frente al miedo y actuar pude deshacerme del aturdimiento que crea un contacto persistente con una autoridad arbitraria. Aprendí a "hacer frente al miedo y a hacer lo que fuera", como medio para recuperar mi amor propio.

La inhumanidad no terminó y, muchos meses después, inconsciente a causa del hambre, me arrojaron sobre un montón de cadáveres, pues supusieron que estaba muerta. Más adelante, ese día, las tropas estadounidenses entraron en el campamento de la muerte. Yo estaba demasiado débil para saber qué estaba ocurriendo. En el momento que moví una mano, un soldado estadounidense miró hacia donde yo estaba. En la enfermería, él me cuidó hasta que dijeron que había superado el peligro.

Tras varios meses en el hospital, volví a Kassa, mi pueblo natal, en la frontera entre Hungría y Checoslovaquia. De 15 000 deportados, sólo regresamos 70. Un vecino me saludó en la calle y dijo: "Me asombra que hayas sobrevivido. Ya eras una muchachita muy delgada cuando te llevaron".

Hace algunos años, volví a Auschwitz recorriendo las mismas vías de ferrocarril que llevaron a muchos miles de personas a su muerte. Fui a llorar a los muertos y a celebrar a los vivos. Tenía que tocar los muros, ver las literas donde yacimos aquellas interminables noches mientras el hedor de las letrinas nos inundaba. Necesitaba volver a vivir las horrorosas circunstancias con tanto detalle como me lo permitiera la memoria, mientras sentía una respuesta emocional y física.

En mi caso, el siguiente paso de mi recuperación fue contar mi historia. En fecha reciente, cuando le pregunté a un público de 300 estudiantes de la Universidad de Texas que cuántos sabían lo que había ocurrido en Auschwitz, ¡sólo cuatro levantaron la mano!

Espero que algún día mis nietos me hagan preguntas del tiempo en que el mundo estuvo de cabeza. De tal manera que si empieza a inclinarse de nuevo, ellos y millones más puedan verter su amor colectivo y hagan girar al mundo para que permanezca bien parado.

EDITH EVA EGER

GRACIAS POR EL MILAGRO, HERMANITA

Querida hermana Sally:

Esta es una carta de agradecimiento, compartida con el público porque, como tú dices, podría alentar esperanza para otros.

Cuando te dejé en el centro de rehabilitación a mediados de noviembre, semana y media después de tu segundo derrame, con sólo 46 años, tenías el lado izquierdo paralizado, estabas atada a la cama y confundida por lo que estaba pasando. Los médicos dijeron que podías morir o, en el mejor de los casos, subsistir con una lesión cerebral considerable.

Gracias por demostrarles que estaban equivocados.

Ay, recuerdo la alegría de que tú y Jill, nuestra hermana pequeña, me recibieran en el aeropuerto a mediados de enero, ¡sólo dos meses después! Preciosa y erguida, apoyándote en tu bastón, con el cabello recién cortado y peinado; con lágrimas corriéndote por el rostro. ¿Estaban tus mejillas más mojadas que las mías?

Acudimos para asegurarnos de que estarías segura tú sola en casa, hasta que tu hijo volviera de la escuela y tu marido, del trabajo. Esos pocos días nos demostraron que lo estarías, y me enseñaron mucho más de lo que puedo expresarte.

Sí, todavía tienes el brazo izquierdo débil y estás un poco sorda. No pronuncias bien algunas palabras y te confundes si hablamos demasiado rápido, pero *estás* intacta: tu aguda inteligencia, tu delicioso sentido del humor, tu consideración y generosidad, tu dulce alma. Debía haber más personas tan enteras como tú estás.

Y ahora encuentro un nuevo rostro en la hermana de en medio, tímida y en ocasiones temerosa, que prefirió quedarse cerca de casa, mientras Jill y yo nos aventuramos por ahí y nos metimos en líos. Gracias por tu ejemplo de valor, fortaleza, y por la capacidad para seguir colocando un pie delante del otro ante los grandes impedimentos.

Te observé haciendo ejercicio varias veces al día para fortalecer tu brazo izquierdo, haciendo torres de dados y vasos de papel, arrastrando un trapo de cocina sobre la mesa en forma de ochos, recogiendo laboriosamente algunos clips para papel y tornillos pequeños para introducirlos en una caja.

Te observé oprimir botones en el cajero automático para obtener el saldo de tu cuenta bancaria y después volver a repetirlo cuando se te olvidaba la cantidad. Y, de repente, me sentí avergonzada de que haya días en que el solo hecho de levantarme de la cama me parece una tarea demasiado grande.

Gracias por la risa. Cuando ibas a hacerte análisis de sangre todas las semanas para asegurarte de que el adelgazador de la sangre estaba trabajando, decías que tenías una cita con "los vampiros". Cuando viste las sombrías fotos del hospital que te saqué cuando estabas llena de tubos como serpientes, dijiste: "*Verdaderamente*, mi cabello estaba horrible ese día". ¡Cielos, de verdad que eres una maestra en iluminar las cosas!

Al detenernos en tu oficina pudimos ver cuánto te quieren todos (lo cual algunos nunca llegan a saber sino hasta el día de su funeral). Tus compañeros de trabajo me contaron que les habías ayudado mucho cuando sus parientes padecieron derrames cerebrales. Me contaron de tu entusiasmo y generosidad cuando nacieron sus hijos o adoptabas una familia en Navidad. ¡Un amor tan generoso!

Varias veces pediste perdón por "ser una molestia". ¿No sabes cuán agradecidos estamos, querida Sally, de poder devolverte finalmente algo de lo que nos has dado? ¿Quién, sino tú, nos daría regalos de Navidad en enero —regalos que habías comprado mucho antes del derrame—, ahora envueltos en bolsas de papel, con sus moños, porque no pudiste envolverlos de otra manera?

Gracias por enseñarnos lo que es verdaderamente importante, y por decir que has tachado de tu lista el regañar a tu hijo adolescente por no arreglar su cuarto. "Me preocupaba por cosas que consideraba problemáticas, como estar gorda —dijiste—. La gordura no es un problema. Estar sano es lo más importante del mundo". Permíteme recordarlo la próxima vez que me suba a una báscula.

Gracias también por la lección de amabilidad para ti misma. Cuando te pusiste el camisón al revés y te lo dijimos, no te molestaste por haber cometido un error, como lo hacemos los demás, con tanta frecuencia, cuando no hacemos algo a la perfección. Simplemente dijiste: "¡Ay, reprobé en camisones!" y te lo pusiste bien.

Soy especialista en la palabra, pero tú dices las cosas mejor. Como cuando leíste todas las amables cartas que los lectores enviaron al contarles de tu derrame. "La gente es muy amable, ¿verdad?", dijiste con lágrimas en los ojos. Y ante una taza de chocolate comentaste: "Estoy tan contenta de no haberme muerto, porque los habría extrañado muchísimo a todos".

Nosotros también te habríamos extrañado, Sal; pero quiero que sepas que aun cuando esta experiencia ha sido muy frustrante y dolorosa para ti y para todos los que te queremos, ha estado llena de amor y enseñanzas. Te lo agradezco.

Por ti, tendré más paciencia con la persona que camina lentamente delante de mí o que trata de contar su cambio. Quién sabe qué problemas enfrenta ese extraño, ese extraño que es el padre, la madre o la hermana de alguien.

Yo estoy muy contenta de que seas mi hermana milagrosa. Te quiero mucho, Sal.

Janny

JANN MITCHELL

NUNCA ES DEMASIADO TARDE

Con una muestra de distinción, *se cumplía mi sueño de toda la* vida. A los 68 años de edad, me graduaba de la universidad… con honores.

Era todo un triunfo, aunque dulce y amargo al mismo tiempo. Había tenido un matrimonio feliz, lleno de amor, viajes, amigos e hijos. Entonces mi marido murió. Nunca había hecho nada yo sola. Jamás.

Me di cuenta de que podía quedarme en casa, llorando por mi pérdida, o que podía hacer algo que había querido hacer toda la vida: asistir a la universidad.

Era la decisión más temeraria que hubiera tomado jamás.

Aun así, tomar la decisión era una cosa y ponerla en práctica, otra. Estaba tan nerviosa el primer día de clases. Estaba aterrada. ¿Podría saber a dónde ir? ¿Destacaría del resto como un pulgar adolorido? ¿Pensarían los profesores que era una diletante? ¿Sería capaz de hacer el trabajo? ¿Qué pasaría si todos resultaban más listos que yo?

Al término del primer día me sentía muy cansada.

Sin embargo, también estaba fascinada. Sabía que podría lograrlo. Aun cuando era difícil, el regocijo de aprender cosas nuevas valía la pena. Mi amor por el arte me llevó a una licenciatura en historia del arte. Era un agasajo pasar el día escuchando a los expertos.

Uno de mis placeres inesperados era estar con otros estudiantes. La diferencia de edades no fue problema, aunque al principio fue un choque, pues los muchachos me hablaban de tú. Eran encantadores; discutíamos nuestras lecciones, estudiábamos y paseábamos todos juntos. Un joven incluso me enseñó a usar la computadora. Lo mejor de todo: nadie hablaba de colesterol.

Además, muchos profesores (muchos de ellos tenían tan pocos años que podrían haber sido mis hijos) también me brindaron mucha atención. Supongo que no estaban acostumbrados a que una estudiante se emocionara tanto con sus lecciones. Conforme fue pasando el tiempo, muchos recurrían a mí como fuente de alguna información. En la clase de historia, nadie más sabía lo que había sido vivir durante la Depresión. Yo sí, y me pidieron que les contara mis experiencias.

Muchas de mis amistades pensaron que estaba loca. En ocasiones yo también lo creía: los trabajos, los exámenes, las horas de investigación, las carreras locas para atravesar los jardines de la universidad y llegar a tiempo a la clase siguiente, el agotamiento. No obstante, esto no me impidió cumplir con todos los requisitos académicos, incluso el de educación física. Estaba decidida a hacer todo lo necesario para obtener mi título.

Mis hijas me apoyaron mucho. Hablando de roles invertidos. Proyectábamos nuestras visitas mutuas en torno a mi calendario de vacaciones escolares. Me ayudaban con mis tareas. Se compadecían cuando hablaba de un profesor difícil y me decían que no me preocupara tanto por obtener buenas calificaciones. (Juraban que me estaba desquitando por todas las veces que ellas me habían llamado aterrorizadas cuando estaban estudiando.)

Además de los estudios formales, aprendí que podía estudiar en el extranjero haciendo recorridos, patrocinados por la universidad, durante el verano. En un viaje fuimos a Europa oriental (antes de la caída del comunismo); en otro, estudiamos arte en Italia. Había viajado mucho con mi marido, pero jamás yo sola. Tuve miedo al hacer mi primer viaje sola. No obstante, conocí a gente maravillosa que me tendió su ala protectora. Había superado otro paso para arreglármelas sola.

No tenía idea de que mi experiencia universitaria me daría conocimientos que no se sacan de los libros. Cuando echo la vista atrás me doy cuenta de que la escuela me mantuvo joven. Nunca me aburrí. Estuve expuesta a ideas y puntos de vista nuevos. Sobre todo, adquirí confianza al darme cuenta de que podía hacer cosas yo sola.

Un día antes de morir, mi marido me preguntó si volvería a la universidad. Me estaba diciendo que debía seguir adelante con mi vida y alcanzar mi sueño. El día de mi graduación, cuatro años después, subí al entarimado para recibir mi título. Sentí que él se ponía de pie para darme una ovación.

MILDRED COHN

¿QUIERES CURARTE?

Hace algunos años, Rebecca fue sometida a un trasplante de riñón. La reacción de su organismo fue un violento rechazo de diversas acciones, lo cual dañó tanto al riñón nuevo que, el año pasado, sólo pudo funcionar al ocho por ciento.

Había estado bajando de peso y perdiendo energía durante todo el año. Con reservas, Rebecca anotó su nombre en la lista de transplantes del hospital universitario, pero sabía que no estaba totalmente convencida de someterse a otro trasplante.

Todo aquello por lo que había pasado —años de enfermedad y dolor, diálisis, cirugías, rechazo a un trasplante— la había dejado deprimida y preguntándose si quería vivir o no. El riñón no llegó el primer mes... ni el segundo. No llegó el tercer mes tampoco.

Una tarde, acostada en su cama, sola con su dolor y su debilidad, se dio cuenta de que podía *optar* por vivir o morir. Fue un momento decisivo. Estaba bailando con la muerte. Sabía que Dios estaba cerca: se relajó y entró en un profundo sentimiento de paz.

De repente, una oleada de miedo y tristeza la trajo de vuelta al presente. Sentía pena ante la posibilidad de no alcanzar sus sueños. Pensó en su interior: "¡Todavía no es hora. No puedo abandonar mis sueños!" Sueños de amor, una vida plena, alegría y aventuras. En ese momento tomó una decisión. Estaba optando por la vida. Con gran resolución y un compromiso total, decidó hacer todo lo necesario para curarse.

Los milagros empezaron. Sabía que no podía pasar sola el proceso emocional y físico de su curación. Acudió a su mejor amiga, quien, de inmediato, organizó una velada de oración. Familia, amistades y miembros de la iglesia oraron por ella.

Al día siguiente, oró: "¿Por qué necesito curarme?" El mensaje que recibió fue que tenía que estar con otros, liberarse, someterse y compartir su historia en voz alta: pero, ¿cómo?

Algunos amigos escucharon su oración, se le acercaron, la cobijaron y la subieron a su auto. La llevaron a la costa a un retiro que tenía lugar durante el fin de semana: el tema era: La curación. Ella se prometió, en silencio, que compartiría su dolor esa primera noche del retiro, aun cuando se sintiera sumamente incómoda.

Rebecca confió al grupo que hasta ese momento, había sufrido en silencio. No obstante, esa noche mágica, abrió su corazón y su lucha se manifestó. Rebecca pidió apoyo. El grupo escuchó y puso su hombro para soportar su carga. Encontró que pasaba de: "Dios mío, por favor cúrame", a "¡Sí! ¡Sí! Me curaré".

El domingo por la mañana, una de las mujeres que Rebecca había conocido ese fin de semana, tenía que salir temprano para recorrer el trayecto de dos horas de regreso a casa. Había empacado, pero decidió quedarse hasta después de la meditación matutina. Durante esta meditación, entró una llamada para Rebecca. ¡Había un riñón nuevo esperándola! Ahora sí estaba preparada para partir.

Antes de partir, Rebecca permaneció en el centro de un círculo de curación, con un grupo de 40 personas que cantaban "Aleluya" mientras la bendecían, la amaban y le enviaban luz curativa para que el trasplante fuera un éxito.

Esa tarde, Rebecca se sometió al trasplante de riñón. El día siguiente, le hicieron un examen para ver si el órgano estaba funcionando. Los resultados del análisis salieron altos, lo cual indicaba que necesitaba diálisis. Después de aplicarle dicho tratamiento, le aplicaron otra prueba y los resultados parecían demasiado alentadores para ser ciertos. Así que le hicieron un tercer análisis y la calificación, todavía más baja, asombró al personal médico. Estaba saliendo mejor de lo que se podría haber supuesto. Ellos no habían considerado el factor de la fuerza de la oración.

Rebecca tiene una cicatriz en el costado izquierdo, ligeramente descendente, del primer trasplante. Ahora tiene otra cicatriz que se conecta a la primera desde el costado derecho. Las dos forman lo que ella orgullosamente llama "mi maravillosa sonrisa en medio de la panza".

REV. MARY MANIN MORRISSEY

VI
ENCRUCIJADAS

"Es mucho más fácil que alguien se salga con la suya cuando dispone de más de un camino."

—Jennifer James

MEJOR QUE UN HUEVO DE REMENDAR

Los hijos no piensan que sus padres se morirán algun día. Ni siquiera les gusta que uno se enferme. Los hijos suponen que mamá estará siempre ahí, pase lo que pase.

Qué bien entendí esto cuando me comunicaron que tenía cáncer. Me solté a llorar cuando se lo dije a mi esposo Hank. Me preocupaba cómo darle la noticia a nuestros cuatro hijos adultos. Decidí hacerlo con el mismo estilo "directo" que siempre hemos tenido en la familia… así que cuando el primero me llamó por teléfono:

"Hola, mamá".

"Hola, hijito".

"¿Cómo estás?"

"No muy bien. Me acaban de dar una mala noticia. El doctor dice que tengo cáncer".

Una pausa larga… y el muchacho dice:

"¿Eso quiere decir que vas a morir?"

El segundo llama:

"Hola, mamá".

"Hola, hijito".

"¿Algo nuevo?"

"Me temo que nada bueno. Acaban de decirme que tengo cáncer de mama".

Pausa larga… y el muchacho dice:

"Pero mamá… si ni siquiera comes grasas".

Llama el tercero:

"Hola, mamá".

"Hola, hijito".

"¿Cómo te ha tratado la vida?"

"No muy bien, acabo de enterarme de que tengo cáncer de mama".

Pausa larga... y el muchacho dice:

"Espero que eso no vaya a afectar a papá, ¿verdad?"

El cuarto llama:

"Hola, mamá."

"Cómo estás, hijito."

"¿Algo nuevo?"

"Nada bueno. El médico dice que tengo cáncer."

Pausa larga... y el muchacho dice:

"¿Por qué no le pasó a la señora Walcott?" (La señora Walcott era una vecina que siempre sacaba a los niños de su acera, persiguiéndolos, al tiempo que les gritaba y blandía una escoba tras de ellos.)

Bien, todo lo anterior ocurrió el 4 de diciembre de 1987. El domingo 5, dos días antes de que me extirparan el pecho, fui a sacarme una radiografía de pecho y a hacerme un estudio de huesos. Le había dicho a mi familia que si el cáncer había invadido todo el cuerpo, no me sometería a la cirugía. Hank quería acompañarme a los análisis. Le dije: "No, en esta ocasión he de tener la capacidad para manejar mis propias emociones. No necesito un marido caminando para arriba y para abajo en la sala de espera. Con la suerte que tenemos, seguro que nos cobran el desgaste de la alfombra".

Me pasé el día entero vistiéndome y desvistiéndome. Me hicieron cada análisis dentro de un frío cubículo. Para cada uno de ellos, las enfermeras se deslizaban sobre zapatos silenciosos para sacarme sangre del brazo o hacerme una radiografía del pecho. Después, con la misma velocidad y silencio, me dejaban sola con mi miedo, sin siquiera un rastro de perfume que indicara su salida.

Entraban hombres con batas blancas, con sus manos frías y sus sonrisas huecas. Pellizcaban y apretaban, mientras yo permanecía sentada en callado terror, esperando que el doctor me diera el último golpe fatal, diciéndome que el cáncer se había extendido. Estaba aterrada mientras esperaba.

De repente apareció el médico. Dijo: "No encuentro más cáncer en el resto de su cuerpo". Ay, como rezaba que este hombre tuviera la mejor de las vistas.

Llegué a casa como por magia. Deslicé el auto en nuestra entrada, salí de un salto y corrí hacia la puerta principal. Ahí escuché la música altisonante que salía de la sala. Era Mahalia Jackson cantando "Noche de Paz". Abrí la puerta de un golpe y entré. En la esquina de la sala estaba el árbol de Navidad más grande que hayamos tenido jamás, decorado con todos los adornos que los muchachos habían hecho en toda su vida… incluso los feos. Ahí reunida estaba mi familia: todos vistiendo traje y corbata. Se veían como listos para cargarme por el pasillo hasta mi féretro. "¡Feliz Navidad, mamá!", gritaron.

"Feliz Navidad —dije en voz baja— y feliz Año Nuevo… Sé que tendremos muchos más".

Nos abrazamos sollozando y, entonces, vi que la mesa del comedor estaba puesta con la vajilla más lujosa, los cubiertos de plata y las copas de cristal cortado.

Esa noche juntos fue una de las mejores que hayamos pasado jamás. Mi familia nunca me había parecido tan hermosa… y las pizzas Domino's jamás me supieron tan sabrosas.

LOLA D. GILLEBAARD

"Para que algo empiece, algo debe terminar."
—KRIS KING

LA ENTREVISTA

*E*n *mi juventud, a principios de los años setenta, tuve un empleo* en un pueblito del sur de Louisiana, el cual consistía en hacer entrevistas de puerta en puerta con el fin de reunir información política y sociológica para alguien que estaba haciendo su tesis de doctorado. Para tranquilidad de los habitantes, llevaba conmigo una carta de introducción del alcalde y del jefe de la policía.

Jamás olvidaré a un hombre que entrevisté: era dueño de uno de los comercios más importantes del pueblo y muy respetado por la comunidad. Me invitó a pasar a su casa para hacerle una entrevista de 20 minutos. Era un día de verano, cálido y húmedo.

Una parte de la entrevista requería calificar a grupos de personas, en una escala de 1 a 10. Había 20 categorías, incluso comerciantes y agricultores, hombres y mujeres, republicanos y demócratas. El hombre iba contestando bien, hasta que le pregunté sobre católicos y protestantes.

Se detuvo. Me preguntó cuál era mi religión. Le expliqué que era más conveniente que no le contestara para no influir sus respuestas. Aparentemente, para no ofenderme, le dio la misma calificación (alta) a los dos grupos religiosos.

La siguiente categoría era la de judíos. Sin saber que yo era judía, empezó a decirme que sabía todo de "esas personas", porque había hecho su servicio militar con ellas. "Debe usted saber —me dijo—, que tal vez haya uno o dos príncipes entre ellos; pero fuera de eso, todos los demás son sucios y malos".

Empecé a sentir miedo. Yo era una judía joven y estaba sola en aquella casa de un hombre que no sólo era antisemita, sino también era intolerante por sus prejuicios. Lo único que quería en esos momentos era terminar la entrevista, salir de esa casa y alejarme de él lo más posible.

Siguió hablando mal de los judíos y, al mismo tiempo, preguntándome si yo era católica o protestante. Seguí sonriendo y explicándole por qué era más conveniente que no le contestara. Prosiguió: "Sabes, esos judíos son sucios y apestan. Se pasan días y días sin cambiarse los calcetines o la ropa interior. Y qué decir de la avaricia. Serían capaces de quedarse hasta con la última gota de tu sangre si ello les reditúa un centavo".

Con mucho miedo, terminé la entrevista y me despedí. Cuando había salido, volvió a preguntarme cuál era mi religión. Quería salir corriendo de su casa, de su odio; pero no podía salir de ahí y dejarlo con su arrogante y "sapiente" prejuicio. Así que, sintiéndome un tanto segura por la puerta de tela metálica que nos separaba, le confesé la verdad. "Señor —dije—, soy judía."

Me miró un segundo y dijo: "Bueno, te dije que entre ellos puede haber uno o dos príncipes. Sin duda acabo de toparme con una".

"No señor —repuse—, acaba de conocer a un ser humano que, por azar, es judío. No soy ningún príncipe, ni siquiera princesa. Sólo un ser humano como usted."

Su sonrisa desapareció y mi miedo volvió. Después de unos momentos que me parecieron una eternidad, los dos mirándonos a los ojos, suavizó el tono de voz y agachó la cabeza. "Señorita —me dijo—, le pido una disculpa."

SHELLY MARKS

POR POCO NO VOY

"¿Qué piensas ponerte?" Mi esposo tenía en el rostro esa mirada inocente que normalmente ocultaba sus emociones; pero después de quince años de matrimonio, sabía que en realidad se estaba preguntando: ¿Será correcto?

No es que me vista mal. De hecho, me "arreglo" bastante bien, gracias; pero David estaba nervioso. Después de todo, uno no invita a cenar a Van Cliburn, el legendario pianista, con mucha frecuencia.

"Mira… —dije preparándome para una pelea—, si prefieres que me quede en casa, lo haré con gusto. Esperaste tanto tiempo para conseguir una nana que, en todo caso, pienso que no me necesitas."

Había lanzado la segunda salva. La tensión en casa había ido en aumento desde que David llamó al secretario personal de Cliburn. Primero había invitado a Van a cenar con personajes muy importantes de la comunidad musical de Saint Louis y después a que se presentara, en nuestra tienda de pianos, a firmar *Steinways*. Sobra decir que David estaba muy tenso. Cliburn es un tesoro nacional, un inmortal del mundo de la música; y nosotros nos habíamos mudado a Saint Louis apenas dos años antes, para iniciar este negocio. Si la cena y la apariencia marchaban bien, sería el clímax del gran arranque que nuestra sala de pianos había tenido en ese lugar. Si nos iba mal, el trabajo de reparación podría ser enorme.

También yo tenía motivos para sentir el pánico. Como dijo David en cierta ocasión: "A la gente le encantas o te odian". Al parecer, no había medias tintas, sentimientos tibios, cuando se trataba de mí.

Además, yo sabía bastante poco de música. Sin duda, mi madre había sido bailarina profesional. Pese a que había crecido escuchando a los clásicos, cuando se trataba de dar el nombre de la pieza o de recordar quién era el director de la Sinfónica de Chicago o incluso de hablar de la diferencia entre Bach y Beethoven, estaba perdida. Mientras me vestía para la cena, apreté los dientes y dije en voz baja: "Estaré encantadora, estaré encantadora, estaré encantadora".

Tuve visiones de un intento de conversación muy breve, muy incómoda:

¿No me diga, señor Cliburn, que su piano tiene ochenta y ocho teclas...?

En el restaurante, los comensales invitados a la cena éramos tantos que tuvimos que dividirnos en dos mesas. David me dijo que me sentaría junto al señor Cliburn.

"Llámame Van", dijo el largirucho tejano que había provocado una tormenta en Rusia.

Charló amigablemente con todos los comensales. Hablaron, básicamente, de directores y salas de concierto en todo el mundo. Me disculpé para ir a saludar a Franz, un amigo que estaba en otra mesa. Este estaba comiendo un hongo Portobello, enorme y suculento. Le di un mordisco.

Cuando volví a sentarme, expliqué mi ausencia.

"Lo siento. Simplemente no puedo resistir la comida que otros tienen en su plato."

Van me miró con curiosidad. "Yo tampoco. Me temo que soy todo un desvergonzado."

Y así nació una amistad, si no en el cielo, cuando menos en el restaurante Tony's, de cinco estrellas, en su versión terrestre del paraíso para quienes nos encanta comer. Van probó mi sopa de tomate. Yo me comí uno de sus mejillones. De aquí para allá toda la noche, comiendo y charlando… actuando. "Verá, yo imparto conferencias", y sus ideas sobre los públicos, la práctica y los nervios cayeron en mis oídos como la música.

Mordisqueamos y bebimos a todo lo largo de varios platillos y sellamos nuestra amistad… con qué otra cosa sino con un postre. Insistió en que probara una exquisitez italiana, yo lo convencí de que tomara algunas cucharadas de un pastel helado, bañado con salsa de caramelo. Por último, empujé el plato a un lado.

Van lo miró con avidez: "¿No piensa terminarse eso?"

Reí. "¡Yo no, pero usted sí!", y deslicé mi plato frente a él. Bueno, supongo que en términos estrictos, una cena no hace una amistad; pero no sé, tal vez sí cuando uno conoce a un alma gemela para la comida. No es fácil encontrar a alguien a quien le gustan los mismos alimentos y que tiene los mismos intereses que uno.

¡Y pensar que por poco no voy!

JOANNA SLAN

ATORADA EN EL PARADERO DE CAMIONES

Me dirigía en mi auto a casa, en la ciudad de Tahoe, des-
pués de haber impartido una conferencia en San
Francisco. Los informes climatológicos pronostica-
ban una fuerte nevada en el camino y esperaba poder llegar
antes que ella. Cuando entré en Auburn, California, me sorprendió encontrar que la policía de caminos había bloqueado los
caminos debido a las condiciones causadas por una tormenta
"blanca". Nadie pasaba las barricadas. La situación era nueva
para mí. Acudí al primero, segundo y tercer motel de Auburn ¡y
no había cuartos desocupados! Por fin, encontré espacio en el
cuarto motel que me detuve: en un paradero de camiones.

Me registré, me volví para salir del vestíbulo y me topé con un
señor de aspecto maravilloso. Se presentó diciendo que se llamaba Dennis.

"Como estamos atorados —me dijo—, ¿qué le parece si ce-
namos juntos?" Hice una rápida inspección con la vista y me
sentí segura.

"Claro —le dije—, tan sólo permítame que suba a mi cuarto a
desempacar y lo alcanzaré en el restaurante que está enfrente".

Estaba tan contenta de haber conseguido un cuarto que ni
siquiera me importaron los muros, delgados como papel, de este
motel barato. ¡Estaba feliz de haber encontrado un techo para
guarecerme!

Oí la voz de un hombre que hablaba en el cuarto de junto.
Hablaba por teléfono. Escuché una voz grave y masculina que

decía: "Sí, tardaré más tiempo. Estoy atorado en Auburn y tuve que estacionar mi camión. No me mal interpretes, no todo está perdido. Acabo de conocer a una pelirroja en el vestíbulo. La invité a cenar; le daré bastante vino y después ¡cuidado!"

No podía creer lo que estaba oyendo. ¡Era Dennis! Entonces me di cuenta de que estaba en una de esas *suites* que tienen puertas que las conectan.

Toqué a la puerta contigua.

"Dennis, ¿podría hacerme un favor?", pregunté.

"¿Dónde está?", contestó.

"Justo aquí —repuse—. Tenemos cuartos que se conectan".

Abrió su puerta y dijo:

"Claro, si necesita algo, sólo dígamelo".

"Bien, escuche —le dije—. Cuando traiga a la pelirroja después de cenar, prométame que no harán mucho ruido. Puedo escuchar todo a través del muro."

Esa noche me quedé sin cenar y, a la mañana siguiente, estaba muerta de hambre. Como sé que cuando hay mucha gente también hay seguridad, fui a desayunar a la cafetería, con 25 camioneros.

Me asomé por la ventana y ahí estaba Dennis. Se estaba subiendo a su camión. No era de extrañar que yo hubiera descubierto lo que tramaba tras escuchar su llamada telefónica la noche anterior. El letrero de su camión decía: COLCHONES SELTHER.

DONNA HARTLEY

APRENDER ALTA TECNOLOGÍA

"*Mamá, sal de tu cuarto y no mires; tengo una sorpresa para ti. Te va a encantar*".

Esperé alegre en otra parte de mi casita. Mis hijos adultos siempre saben el tipo de juguetes que me gustan y me imaginé una nueva vela para meditar, un objeto ceremonial de los indios estadounidenses, una planta... probablemente algo espiritual. Pasaron varios minutos y mi curiosidad fue en aumento.

"No está completamente lista, pero ya puedes entra".

Los ojos de Carol bailoteaban esperando mi reacción. En seguida detecté una monstruosidad sentada sobre mi escritorio, hasta entonces limpio, ocupando la mayor parte del espacio.

"¿No te parece estupenda, mamá? Mi escuela está participando en un proyecto especial y todas las maestras tienen derecho a una computadora último modelo. Quiero que tú te quedes con la mía, que es de modelo más viejo. Es perfecta para ti. Hasta te enseñaré a usarla".

Me hubiera gustado responderle a mi hija con la reacción entusiasmada que esperaba, pero me conocía muy bien y sabía cuando mentía. La aversión estaba en todo mi rostro y la verdad salió de mis labios.

"Gracias querida, pero no manejo la computadora. Soy de la era de los dinosaurios, de las máquinas de escribir mecánicas y del papel carbón. Mi primer televisor fue blanco y negro y mi primer 'viaje en avión' fue en un tren".

"Mamá, sabes que puedes aprender y te encantará. Incluso te traje un 'ratón'".

Tenía la esperanza de que se refiriera a un roedor, pero sabía que se refería a ese feo objeto con una cola que era una cuerda gris enredada.

La computadora estaba ahí, recordatorio silencioso de mi incompetencia y mi falta de voluntad para entrar en la era electrónica. Mis hijos y sus amigos siempre tuvieron la idea de que yo "estaba al día", pero ahora mi reputación había perdido lo invicto.

Pasaron los meses y mi máquina de escribir satisfacía mis necesidades muy bien, aun cuando estaba constantemente drogada por los humos que despedía el corrector. Mi caduca amiga seguramente sabía que sus días estaban contados cuando se descompuso y murió. No pude encontrar un taller de reparación de máquinas que siguiera abierto. Sabía que había llegado el momento de entrar en el mundo de las Macs, los módems y los ratones.

"Carol, llegó el momento de aprender a ser la maga de la computación. ¡Ayúdame!"

Ella vino en seguida, con el triunfo saliéndole por cada poro. Estaba dispuesta a aceptar a su alumna más difícil. Yo, medio entendí lo que me explicaba y al término de ese día podía mover el interruptor de encendido y apagado. La verdad es que la computadora me iba igual que la mantequilla de cacahuate le va a la mermelada y, en cuestión de semanas, era una adicta que pasaba horas escribiéndole a todo el mundo. En realidad estoy exagerando: pasaba las horas jugando solitario en la computadora. Pasaba más tiempo con mi ratón que con mi cónyuge.

Es tan emocionante abrir la mente a la nueva era de las computadoras: usar la tecla de "suprimir" cuando hablo conmigo misma diciendo "No puedo hacerlo". Mi próxima meta será conectarme a una línea y navegar por el ciberespacio.

Estoy contenta de que la computadora ocupe tanto espacio. Hay momentos en la vida en los que necesito un gran recordatorio de que la oportunidad para crecer siempre está ahí.

LYNNE GOLDKLANG

EL ANGELITO DE CRISTAL

Lisa saltó al asiento trasero del auto, rebosante de felicidad. Había encontrado el regalo *perfecto* de Navidad para cada miembro de la familia.

Cuando arrancamos por la calle, Lisa me dijo al oído: "Ay, mamá, le compré a papá una camisa de quince dólares, le compré a Joey un auto de carreras de diez dólares y le compré a Rags una bolsa de huesos que me costó seis con noventa y cinco. Y, mamá, creó que te *encantará* lo que te compré".

Sabía cuánto dinero había llevado Lisa al centro comercial. Ahora sabía cuánto se había gastado en los regalos de Navidad. Sumando rápidamente lo que había gastado en su padre, su hermano y la mascota, me di cuenta claramente de que se había gastado en el perro más dinero que en mí.

Sentí un malestar que me invadía lentamente la boca del estómago. *Lisa, ¿cómo pudiste gastar más dinero en el perro que en mí? ¡Te he querido, te he cuidado, con gusto daría la vida por ti! ¿Cómo pudiste pensar tan poco en mí?* Las palabras sin pronunciar pasaron del dolor a la ira. Ella y su hermano parloteaban. Yo no decía nada y el resentimiento iba aumentando en mi interior.

Llegamos a casa y salimos del auto en silencio. Los niños entraron detrás de mí. Lisa estaba llena de emoción por la Navidad y orgullosa de sus regalos. Me preguntó si quería ver los regalos que había comprado para los otros.

"No —contesté malhumorada—. No quiero ver nada."

"Mamá, ¿qué te pasa?"

"Nada". Mi mentira era evidente.

"Mamá, sé que algo te pasa. ¿Qué es?"

Ni yo sola me aguantaba. Tenía casi 40 años y me estaba quemando por dentro porque mi hija se había gastado más dinero en el perro que en mí. No daba crédito de mi falta de madurez; pero no podía sentir de otro modo.

"Lisa, me estoy comportando como una niña pequeña porque gastaste más dinero en el regalo del perro para Navidad que en el mío. Desearía no sentir así, pero no puedo remediarlo. Voy a subir a mi cuarto y cuando tenga ganas de comportarme como adulta volveré a bajar. Mientras tanto, así es como me siento."

"Mamá —gritó incrédula—. Ni siquiera pensé en cuánto costaba, encontré tu regalo *primero* y lo compré porque sabía que te encantaría."

Entonces rompió en llanto:

"Ya no tengo ganas de darle nada a nadie; ojalá ni siquiera hubiera ido de compras."

Yo me sentí fatal… pero no podía controlar mi sentimiento. Subí corriendo a mi cuarto, me dejé caer en la cama y lloré. Cuando se me agotaron las lágrimas, me quedé en la oscuridad pensando: *¿Cómo pude haberme portado tan mal con Lisa si la quiero tanto?* Tal vez se deba a que no me sentí querida; pero sabía que ella me quería. Me lavé la cara, bajé las escaleras, le di una explicación a mi hija y le pedí que me perdonara. Aun cuando jamás podría borrar el daño que le había ocasionado, era lo mejor que podía hacer.

Compartí esta historia muchos años después con una amiga que me dijo: "¿No te das cuenta, Mary Jane? No necesitaba comprar tu cariño porque ya lo tenía".

Pero entonces yo no me amaba lo suficiente como para encontrar la belleza en su sencillo regalo. El ángel de vidrio que Lisa iba a darme era un regalo de amor. El amor no tiene etiqueta de precio.

Eso ocurrió hace muchos años. Sin embargo, cada Navidad, cuando emocionada desenvuelvo el papel donde guardo mi angelito de vidrio, con su vela azul claro, recuerdo el mejor regalo de todos… y a la inapreciable niña que me lo obsequió.

MARY JANE MAPES

PATINES DE TRES RUEDAS EN EL MALECÓN

*E*ra un sentimiento vagamente conocido; una sensación de libertad experimentada desde hacía toda una vida. Movimiento. Velocidad. Viento. Emoción. Poco peligro, pero presente. ¡Ah, sí! La misma excitación que produce una competencia. ¡Lo estaba haciendo!

Estaba patinando, con patines de tres ruedas, en un malecón junto al mar en Oregon, a finales de una magnífica tarde de verano. Cuatro kilómetros de pavimento liso y plano, sol, aire del mar. No pude menos que sonreír; era tan ridículamente constante como una amarilla carita feliz. Mi cuerpo se movía con relativa facilidad y una gracia moderada. "Impulsa, desliza, impulsa, desliza… no levantes los pies tan alto. Balancea las caderas. ¡*Aaay!* Demasiado impulso significa demasiado deslizamiento. Controlemos esto un poco más. ¡Adelante y atrás! ¡Adelante y atrás!" Kilómetros y kilómetros… de tiempo en tiempo captando el olor de un puro, cuando volvía a pasar volando junto a mi marido que, sentado en una banca, leía un libro de Tom Clancy.

Un poco cansada, le dije a mi marido que en la siguiente vuelta quería parar. "Está bien —dijo—. Aquí te espero". Parar es una habilidad que aún no he dominado. Al acercarme a él, bajé a la velocidad adecuada. Él se puso de pie, abrió los brazos y me envolvió con un fuerte abrazo. "Soy tu punto de parada", me dijo al oído. Yo pensé: "Sí, qué buena metáfora. Eres mi punto seguro y cómodo para parar".

Estuve un rato sentada en la banca, disfrutando ese momento de mi vida. Pasaron unos adolescentes, paseando y charlando tranquilamente. El último, un jovencito de unos trece años, miró mis patines con admiración, se agachó y murmuró lo bastante fuerte para que pudiéramos oírlo: "¡Vaya patines!" Después, aceleró el paso para alcanzar a sus amigos. Mi marido y yo dijimos al unísono "¡Vaya patines!" Y nos reímos.

Las personas empezaron a juntarse para ver el atardecer como si fueran seguidoras de los 49's de San Francisco en un domingo de Súper Tazón. Me levanté de la banca para aprovechar al máximo la luz que se desvanecía y dar otra vuelta. Adelante y atrás, impulsar y deslizar. Perdida en el ritmo exquisito y el aire elegante, por poco y no veo a un grupo de mujeres; pero con el rabillo del ojo, vi una carretela detenida cerca del malecón. Había cuatro mujeres sentadas cómodamente en ella, con ese estilo típicamente femenino de silencio en compañía. Pensé que estaban completamente absortas en el día que desaparecía centímetro a centímetro. Sin embargo, cuando iba pasando junto a ellas, alcancé a escuchar una suave voz de apoyo: "¡Adelante, muchacha!" En señal de reconocimiento, "levanté el pulgar" y seguí de largo.

Ahora, siempre que me pongo los patines, escucho la voz que dice "¡Vaya patines!" y sonrío. Cuando pienso en mi marido como una parada segura, sonrío. Cuando vuelvo a escuchar las palabras fraternales de apoyo, sonrío. Estoy encantada de no haber tomado en serio las palabras de aquellos que pronosticaron: "¿Patinar en tres ruedas? ¡Pero si tienes casi sesenta años! ¡Te matarás!"

¿Matarme? ¡Diría que estoy vivita y coleando en el malecón!

PAM GROSS

VII
RECORRER EL CAMINO

*"No me asustan las tormentas, porque estoy aprendiendo
a conducir mi barco."*

—Louisa May Alcott

RAGGEDY ANN Y YO

Cuando tenía seis años y mi hermana ocho, un día, mi madre trajo a casa unos hermosos muñecos, hechos a mano, de Raggedy Ann y Raggedy Andy. Mamá nos pidió que le dijéramos al oído cuál de los dos queríamos. Evidentemente, yo quería la niña con el corazón rojo que decía "Te quiero". No obstante, cuando me tocó decir, sabiendo que mi hermana quería la muñeca de Raggedy Ann, dije en voz baja: "Raggedy Andy". Durante muchos años fingí, ante mí misma y ante otros, que adoraba a mi muñeco de Raggedy Andy.

Tuve muchos motivos para elegir a Raggedy Andy. Consciente de que mi madre iba a hacer frente a una situación difícil si mi hermana y yo elegíamos el mismo muñeco, pensé en las necesidades de Mamá. Además, tenía miedo a la ira y la envidia de mi hermana en caso de que ganara yo. ¡No me sentí lo suficientemente valiente para tener algo mío a sus expensas! Por todas estas razones, sencillamente no era segura. Resolví el dilema haciendo concesiones y sacrificando mis deseos.

Es significativo que no me permitiera elegir la muñeca que quería, pero es aún más importante mi incapacidad para *permitirme* saber, sino unos segundos, que la quería. No sólo las engañé a ellas, ¡también me engañé yo!

Más adelante, cuando era ya una joven mujer en terapia, le conté a mi marido la historia de la ocasión cuando no había escogido a Raggedy Ann. Me asombró encontrarme llorando, soltando lágrimas que llevaba contenidas desde hacía más de 20 años. Lloré por haber perdido a Raggedy Ann y mucho más por haber perdido a la niñita que tuvo que renunciar a sus deseos para conservar la tranquilidad familiar. El no poder ser quien era ni poder saber lo que deseaba había sido fuente de muchos sufrimientos para mí.

En mi siguiente cumpleaños, mi marido me observaba mientras abría su regalo. La caja estaba envuelta en papel infantil. Rasgué el papel de la caja y la destapé. Ahí estaba ella, asomándose de entre el papel de china: mi propia Raggedy Ann.

Ahora tengo una pequeña colección de muñecas de Raggedy Ann. Ella se ha convertido, para mí, en un símbolo del yo que he rescatado. La muñeca de Raggedy Ann más nueva que tengo mide un metro de alto y está sentada en una pequeña mecedora en mi habitación. Felizmente me recuerda que está bien saber lo que quiero y que está bien darme cosas a mí misma. Ahora puedo ser yo, con seguridad.

CHRISTINE B. EVANS

"El amor es un acto interminable de perdón."
—Anónimo

UN LEGADO DE AMOR

D e cuando en cuando, un sentimiento de gracia asombrosa es capaz de transformar, en un instante, nuestra relación con nosotros mismos, con otros y con el universo, de una manera que nos hace sentir renovados. El caso del fallecimiento de mi madre y nuestro doble renacimiento fue esa especie de acontecimiento luminoso.

La respuesta de mi madre a la interrogante perenne de por qué las cosas malas le pasan a las personas buenas estaba influida por el hecho de que ella perdió la mayor parte de su familia en el Holocausto. Su fe quedó hecha añicos gracias a Hitler. Para ella, el mundo era un lugar sin Dios, donde la gente buena acababa por morir. Después de que mi padre se enfermó de leucemia y se suicidó cuando los tratamientos médicos habían hecho que su vida fuera insufrible, mi madre se convirtió en una ermitaña. Los últimos 13 años de su vida sólo vio a la familia.

Cuando la salud de mi madre se quebrantó y quedó postrada en cama, me preguntaba qué pensaría ella acerca de la muerte. Después de todo, toda mi vida profesional consistía en trabajar con personas en situaciones como la que estaba viviendo mi madre; pero, con ella, me sentía bloqueada. Era como el caso de los hijos de un zapatero, que no tienen zapatos.

Quería que mi madre probara la curación, la paz mental y el perdón que yo había presenciado en cientos de personas más. Al echar la vista atrás, veo que yo era la que lo necesitaba, y no ella. Tal vez era, en realidad, la necesidad de que me perdonara antes de morir; pero nuestro acerbo de charlas íntimas no era muy bueno y nuestra exposición de lo que pensábamos respecto de la vida y la muerte no era la excepción. No teníamos palabras para compartir los sentimientos. Así que, en su mayor parte, nuestra conversación giraba en torno a la política, la familia y el deporte.

Sentada en la habitación de mi madre, viendo la televisión y platicando de trivialidades, seguía buscando la manera de establecer una relación espiritual más profunda. Una noche, mi ex marido se sentó en la cama con ella, la abrazó y amorosamente le contó inspiradoras experiencias que habíamos escuchado de personas cercanas a la muerte. Ella las hizo a un lado con buen humor, y comentó que nosotros podíamos creer en esas cosas si nos hacía sentirnos mejor, pero que a ella no le decían nada.

Unas cuantas semanas antes de que muriera, el Espíritu envió una experiencia que sí le dijo algo. Mamá, una ávida fanática del béisbol, era de Boston y, naturalmente, los Medias Rojas eran su equipo. Como la mayor parte de Boston, había seguido la saga de Wade Boggs, el tercera base, con gran interés. La amante de Boggs había informado a la prensa de ciertos chismes horribles que él le había contado de sus compañeros de equipo, y él quedó humillado públicamente.

Los medios se dieron un festín con sus indiscreciones. Aun cuando yo no soy fanática del béisbol, un día, me llamó la atención un artículo en el periódico que preguntaba por qué Boggs estaba jugando tan bien en una situación tan tensa. La respuesta era verdaderamente asombrosa. La madre de Boggs acababa de morir y él contaba que ¡ella había regresado a él en forma de completa aparición tridimensional! Ella le aseguraba que siempre aprendemos de nuestros errores y que debía aceptar la responsabilidad de lo que había hecho y seguir adelante. Al mismo tiempo, se le había presentado a la hermana de Boggs, que estaba atada a una silla de ruedas por un caso de esclerosis múltiple, tan avanzado que incluso tenía las cuerdas vocales paralizadas. Ella le pidió a su hija que pronunciara la oración de alabanza en su funeral, y ¡la hija se recuperó lo suficiente como para poder hacerlo!

Llena de la emoción más deliciosa, llamé a mi madre por teléfono y le leí el artículo. Por primera vez quedó muda. Apenas unas semanas después, yo estaba con ella cuando empezó a fallarle la respiración. Llamé a una ambulancia y atravesamos la nieve para llegar al hospital, por última vez.

En la sala de urgencias, una amable enfermera, que mi madre conocía de otras veces que se había internado, le dijo que estaba cerca de la muerte y le preguntó si estaba en paz para aceptarlo. Hasta este punto apenas consciente, mamá resucitó suavemente con su propia versión de la buena nueva. "¿Que si estoy en buenos términos con la muerte? —respondió—. ¿Ha oído lo que pasó con la madre de Wade Boggs?"

Cuando estaba a punto de morir, mamá presentó las interrogantes perennes en una forma distinta. Ni una sola vez dudó de que su alma seguiría viviendo; al parecer, la aparición de la señora Boggs la había convencido de ello. En cambio, sí preguntó si mi padre, su hermano y sus padres estarían ahí, del otro lado, para recibirla. La esperanza de esta reunión le dio una enorme paz.

La mañana de su fallecimiento, la bajaron al sótano del hospital, donde estaba el departamento de radiología. Tenía una hemorragia interna y querían diagnosticar el origen del sangrado. Puesto que no había reaparecido tras varias horas, la familia me mandó a buscarla. La encontré sola, en una camilla, en el pasillo del hospital. Estaba esperando su turno para una radiografía.

Aun cuando no suelo ser una persona impositiva, censuré con dureza al joven médico que estaba a cargo y exigí que permitieran que mi madre volviera a su cuarto, donde su familia estaba esperando para despedirse de ella. Comentó secamente que primero necesitaban diagnosticar su hemorragia. Mamá contestó: "¿Quiere decir que llevo todo el día esperando aquí para un diagnóstico? ¿Por qué no me lo preguntó antes?. Me estoy muriendo: ése es el diagnóstico". El médico no pudo argumentar nada contra su lógica y, extrañamente, la dejó partir.

Subí en el ascensor junto a su camilla. Al tomarnos de la mano en ese breve ascenso, logramos el trabajo de toda una vida: el intercambio de perdones y el descubrimiento de un profundo amor recíproco.

JOAN BORYSENKO

LAS AGALLAS Y LA GLORIA

Para celebrar que cumplía 50 años, decidí comprarme una motocicleta Harley-Davidson, empacar mi *sleeping bag* y mi tienda de campaña y recorrer los cincuenta estados, uno por cada año de mi existencia.

La figura pelirroja, de ojos azules, que reflejaba el espejo se veía notablemente tranquila para tratarse de una mujer que acababa de tomar la decisión de cambiar de vida. Sabía que quería hacer algo alocado para celebrar este acontecimiento tan especial en mi vida, pero aún quedaban obstáculos, miedos y dudas.

Prepararse para una aventura de tres meses no es empresa fácil. Jamás había estado sola. Tras un matrimonio que duró 17 años, mis dos hijos habían vivido conmigo los siguientes 10. Mi hijo mayor estaba en la universidad y el de 19 tendría que encontrar un lugar para vivir. Me preocupaba su falta de experiencia y si podría arreglárselas.

¿Y mi carrera de abogada? Después del divorcio, a los 40 años, me había titulado en Derecho y había logrado el éxito en el ejercicio de la profesión. Abandonar todo esto parecía algo casi irresponsable.

Además, tenía una relación de importancia. Amaba al hombre, aunque era difícil. Yo estaba tensa la mayor parte del tiempo. Nuestras charlas sobre el compromiso siempre iban acompañadas de un incómodo sentimiento interior. Empecé a preguntarme si estaba con él para llenar mi soledad. Esa indómita voz interior sabía que nuestra relación no aguantaría una separación de tres meses.

Por último, sabía que la mujer que regresara no sería la misma mujer que partiría. Eso me molestaba. Me gustaba bastante la mujer que ya era. Un viaje de casi 23 000 kilómetros sola, a través de los cincuenta estados, evidentemente sería un hecho que cambiaría mi vida. ¿En qué sentido me cambiaría el viaje? Es más, ¿siquiera regresaría?

Por otra parte, tenía mucho a mi favor: estaba en buena condición física; tenía una moto mecánicamente buena; tenía confianza en la buena voluntad de las personas que sin duda conocería durante el trayecto; también tenía una confianza básica en mí misma.

Para atravesar mi velo de miedos, tenía que arriesgar todo lo que me resultaba conocido y seguro. En la mente, escuchaba constantemente la oración: "Haz aquello a lo que le temas y el miedo desaparecerá". Así que inicié mi largo viaje, incluso viajes extra especiales a Alaska y Hawaii.

¡El viaje fue mágico! Sentía como si estuviera viviendo una fantasía. Nadé con los manatíes en Florida, encontré una tarántula en el suelo del baño en Oklahoma, contemplé las elevadas planicies de Kansas, atravesé los vientos silbantes de Montana, sentí la magnificencia del Cañón de Bryce y toqué los glaciares de Alaska.

Sin embargo, la parte más importante fue lo que ocurrió en mi interior. Este viaje le dio perspectiva a mi existencia. Mi alma y espíritu se nutrieron. La paz interior y la tranquilidad ocuparon el lugar de mi miedo a la soledad. Aprendí a atesorar el tiempo que estaba sola. Ahora tengo un ritmo más lento. Ya no ejerzo la ley; en cambio, escribo. Mis hijos están iniciando la aventura de su propia existencia.

Decidí volver a mi casa en el campo de Oregon para pasar algún tiempo con mis padres. Antes de mi viaje, nunca había considerado la posibilidad de mudarme de casa. Ahora sé que el lugar donde uno viva no es tan importante como pasar tiempo con nuestros seres queridos.

Durante el viaje terminé con la relación que tenía y los dos seguimos caminos separados.

Cuando ya no me dejaba llevar por el miedo a la soledad, conocí al "señor Maravilloso" en un pequeño pueblo que antes no me gustaba. Cuando lo vi la primera vez, estaba recargado en su Harley-Davidson, mirando a la multitud en un rally local de motos. Cuando me quité el casco, nuestras miradas se encontraron. Sabía lo que estaba pensando: ¿Es posible que conozca a una mujer extraordinaria que le encanta andar en una Harley?

Nos casamos pocos meses después, por todos los motivos correctos. Él me llama su "astuta pelirroja". En lo que se refiere a la mujer de 50 años que regresó del viaje que cambiaría su vida, sí cambió y ¡ahora me agrada mucho más!

CAROLYN FOX

MI ROMANCE CON VLADIMIR

Estaba buscando un auto, recorría el pasillo hacia arriba y hacia abajo, escrutando cada uno, esperando una señal de reconocimiento, un alma gemela. Algunos eran demasiado viejos, estaban demasiado usados y no muy bien cuidados. Otros eran demasiado nuevos, lo que me hacía preguntarme si tendrían algún problema. Entonces detecté mi pareja perfecta. Establecimos contacto, su parrilla me lanzó una sonrisa encantadora. Tomé el brazo de mi marido y dije: "Ay, Don, ¡mira ése!" Tenía que tocarlo. El vendedor notó la mirada en mis ojos. "Voy por las llaves", dijo y salió corriendo a su despacho. Abrió el auto y me subí. Mi emoción aumentó cuando acaricié el volante. Sólo 4000 kilómetros. No está mal. Color borgoña con interiores café. Me sentía muy a gusto… como debía ser. Trato cerrado. Ahora era la orgullosa propietaria de un Volvo de tres años atrás.

Siempre he creído que se debe dar nombre al auto que uno conduce. Esto hace que el auto se sienta importante y establece una relación entre el auto y el conductor. He llegado a creer que todos los objetos tienen conciencia. ¿Por qué tratar al auto de manera diferente de la que trataría uno a su madre? Quería que mi auto supiera de la solidez de nuestra unión. De inmediato supe que el auto era del género masculino. Por instinto, empecé a llamarlo Vladimir.

Un día de diciembre advertí que las personas colgaban coronas en el frente de sus autos. (Creo que es costumbre de Saint Louis, porque no lo he visto en ninguna otra parte.) También le compré su corona a Vladimir. La presume orgulloso cada mes de diciembre y se ve muy guapo. Pensé que merecía incluso más, así que para Halloween le compré un compañero: una calavera inflable que siento en el asiento del frente, con su cinturón de seguridad, cada octubre. Vladimir también recibe otras muchas atenciones. Sabe que lo adoro; lo alabo con regularidad y le doy palmaditas en el tablero cada vez que estamos juntos. Le doy otros lujos, por ejemplo gasolina de buena calidad, lavados de auto de lujo, limpiador de piel especial, pequeños detalles que lo hacen sentirse único. Lo último que le compré a Vladimir son unas campanitas que suenan con el aire, en son de paz y armonía, y que colgué en el espejo retrovisor. El sonido que producen es divino.

Mi marido lleva muchos años burlándose de mí a causa de mi dedicación al auto. Él también tiene un Volvo, de igual modelo que Vladi, pero tres años más moderno. Don piensa que su Volvo "sólo es un auto" y no le presta atención al bienestar físico o espiritual de su auto; considera que la atención y los regalos que le brindo a Vladimir son una tontería. En broma llama "la mitad sagrada" a la parte de la cochera que corresponde a Vladimir; pero los hechos dicen más que las palabras y los resultados hablan por sí mismos. Vladimir sólo ha requerido un mantenimiento de rutina, mientras que el auto de Don ha tenido muchos problemas mecánicos. Muchas veces, incluso tuvieron que repararle la transmisión. En cierta ocasión, volvíamos a casa de unas vacaciones y yo manejaba su auto cuando se descompuso en las afueras de Joliet, Illinois. El auto tuvo que ser transportado en grúa a la distribuidora de la localidad, donde fue necesario cambiarle las *dos* bombas de combustible. En el fondo de mi corazón sé que Vladimir jamás me haría eso.

Este año Vladimir cumplirá 14 años y su kilometraje ha rebasado los seis dígitos. Llevamos juntos 11 de esos años y nunca ha dejado de cuidarme bien. Su sentido de que su propósito es el servicio ha sido indudable. En fecha reciente Don y yo estuvimos viendo Volvos nuevos. "No va a durar toda la vida", dijo

Don gruñendo, pero yo sencillamente no podría deshacerme de Vladimir.

¿Será cierto el dicho de que el amor hace que todo parezca nuevo? No lo sé. Vladimir no se ve tan brillante y lustroso como antes, pero su espíritu sigue igual de vibrante que el día que lo llevé a casa. Parece que estaremos juntos hasta que la muerte nos separe.

SHARON HYLL

A VECES SE PUEDE ECHAR MARCHA ATRÁS

George es un hombrón, del tamaño de hombre que podría haber sido guardaespaldas de alguien, pero tiene la personalidad de un enorme oso de peluche. Recién jubilado y divorciado, George entró en mi despacho para contarme algo que le había ocurrido.

"Reverenda Mary —dijo—, en Pascua nos dijo que si abandonábamos un hábito que nos estuviera limitando, no obstante cuán pequeño fuese, en un año nuestra vida habría cambiado. Quiero relatarle lo que me pasó.

"La mayor parte de mi vida he tenido el hábito de morderme el segundo nudillo del índice, de esta manera." Dobló el dedo y puso el nudillo entre sus dientes. "Incluso me salió una callosidad considerable en los dos lados del dedo. Bien, pues decidí que había llegado la hora de dejar el hábito. He podido hacerlo bastante bien todo el año pasado; pero permítame darle unos cuantos antecedentes del caso.

"Cuando tenía seis años vi cómo un auto golpeaba a mi hermanito y lo mataba. Tenía dos años menos que yo. Yo acababa de atravesar la calle corriendo y él iba detrás de mí. Justo el día antes, me habían dicho que tuviera cuidado con los autos y que cuidara a mi hermanito. Éramos muy unidos y quedé con el corazón destrozado.

"Poco tiempo después de eso, empecé a morderme el dorso de la mano derecha, entre los nudillos del índice y el anular. Siempre tenía una callosidad ahí, del tamaño de una moneda de cincuenta centavos de dólar. Siempre que me sentía enojado o frustrado, me mordía el dorso de la mano, justo en ese punto.

"Cuando llegué a la adolescencia, supongo que pensé que era muy infantil hacer eso, así que opté por morderme un nudillo de la mano. Seguí haciéndolo hasta Pascua del año pasado. Después de escuchar su charla, decidí que había llegado la hora de dejar el hábito.

"En marzo de este año —casi un año después de aquella plática— estaba pasando el día con mi nieto en un parque. Noté que ese día había mordido mi nudillo. *¿Por qué?* También sentía muchísimo amor cuando lo observaba balancearse con su propio impulso.

"Después de llevarlo a su casa, me fui a visitar a unos amigos. Me sentía nervioso porque la ropa que pensaba llevar a lavar seguía en la cajuela de mi auto. Esa noche, cuando me dirigía a casa, la angustia iba en aumento. Estaba tan alterado que sabía que tenía que haber otro motivo, además de la ropa que no había llevado a la lavandería. Sentía un enorme nudo en el estómago.

"Pensé que mi nieto tenía aproximadamente la misma edad que mi hermanito cuando éste murió. Y me di cuenta de que se acercaba el aniversario de la muerte de mi hermano, ¡hacía 55 años! Quiero tanto a este muchachito, pensé para mis adentros, que me da miedo que también me lo quiten. En ese momento supe que así me había sentido cuando perdí a mi hermano. ¡De alguna manera relacioné que el querer tanto a mi hermano había sido la causa de que lo perdiera!

"Pero el año pasado, fui cambiando, y en realidad sin darme cuenta. Ese día en el parque, estaba expresando mi verdadero amor por mi nietecito, más amor del que jamás le había dado a mis cinco hijos y a mis dos ex esposas.

"Desde ese día, les he contado a todos ellos este caso. He tratado de enmendar las cosas, de darles todo ese amor que no le di a mi familia durante todos estos años… por temor a perderlos.

"Reverenda Mary, sé que si siguiera mordiéndome este nudillo cada vez que me siento enojado, triste o frustrado, no habría descubierto nada de esto. Abandonar ese solo hábito me ha enseñado todo esto y ha permitido que todo este amor aflore. ¿Qué le parece? Cuando nos dijo que nuestra existencia cambiaría en un año si nos esmerábamos en un solo empeño, aunque fuera insignificante, ¡tenía muchísima razón!

"Oficialmente llevo jubilado desde principios de mayo, pero ahora es cuando estoy listo para jubilarme en realidad. Este verano sólo me dedicaré a jugar con mi nieto. ¡Siento que por fin me han devuelto a mi hermanito!"

REV. MARY MURRAY SHELTON

AQUÍ NO SE COMETEN ERRORES

No es fácil estar casada con alguien que nunca ha cometido un error. Mi marido, Bud, por naturaleza, es incapaz de admitir que se ha equivocado alguna vez. Creo que sus labios no son capaces de pronunciar las palabras: "Lo siento. Me equivoqué".

Este aspecto de su personalidad queda muy bien ilustrado con este incidente que ocurrió en fecha reciente.

Una noche, estaba hablando por teléfono con mi hermano, cuando éste me preguntó: "¿Te dijo Bud que te llamé anoche?"

Me dirigí a Bud y le dije: "Cariño, no me dijiste que mi hermano había llamado anoche".

Sin interrumpir su concentración y sin siquiera desviar la mirada del televisor, mi marido contestó: "Todavía no lo hago".

ANITA CHEEK MILNER

> *"Cuando el trabajo, el compromiso y el placer son uno y se llega al manantial profundo donde habita la pasión, nada es imposible."*
> —NANCY COEY

CUANDO CREZCAS SERÁS ARTISTA

Siempre ma han fascinado los colores. Cuando era niña, me encantaba dibujar y colorear con crayolas. En mi mente preescolar ¡cada uno de los dibujos que hacía era una obra maestra! Entonces entré en el primer grado.

Un día nos pidieron que hiciéramos un dibujo a color, que se le entregaría a los internos de un asilo para iluminar su día. Cada niño recibió una hoja para dibujar. También nos dijeron que se necesitarían unos cuantos dibujos más y que, quienquiera que terminara pronto y lo hiciera bien, podría colorear más de un dibujo. Yo *quería* colorear más de uno. Rápidamente iluminé el dibujo con muchos colores brillantes y levanté la mano, segura de que mi dibujo sería lo bastante bueno como para que me permitieran colorear otro.

Cuando la maestra se acercó para revisar mi trabajo, me regañó en voz alta: "Kathleen, ese dibujo está horrible. ¡Usaste demasiados colores y te saliste de los bordes!" Quedé destrozada. No me dieron otro dibujo para iluminar y tuve que quedarme sentada, callada, aguantando mi vergüenza, mientras el resto del grupo terminaba el proyecto.

Después de ese día, dejé de hacer dibujos. Me horrorizaba la clase de dibujo, que había sido mi parte preferida de la escuela. Cada vez que tenía que hacer algo artístico, me ponía tensa y me metía en mí misma. Hasta hoy, no recuerdo que haya terminado ningún proyecto artístico después de ese día en que la maestra me hizo sentir incompetente y sin capacidad artística, aun cuando puedo contarles de los muchos proyectos que había concluido antes de ese día.

Unos cuatro años después, nuestra familia recibió la visita de una señora mayor, amiga de mi madre. Era una señora encantadora y yo me pasaba horas charlando con ella. Nunca hablamos de arte o de creatividad. Poco tiempo después, mi madre recibió una carta de su amiga agradeciendo nuestra hospitalidad.

La carta tenía un párrafo sobre cada uno de los niños de la familia. Le decía a mi madre que pensaba que cada uno de nosotros era maravilloso y, a continuación, hablaba de las carreras que, en su opinión, seguiríamos cuando fuéramos mayores. No recuerdo qué pronosticó para mis hermanos o hermanas, pero jamás olvidaré la sensación de placer que me inundó cuando mi madre leyó la carta en voz alta. Decía que, cuando creciera, yo sería artista. ¡Artista!

Esa tarde saqué mi vieja caja de crayolas y mi papel de dibujo. Ese mes, dibujé todo lo que pude, sin parar, en todos mis minutos libres. Dejé de dibujar un día y revisé todo lo que había creado. Se veía bastante bien, en mi opinión. Lo suficiente como para querer enseñárselo a mi maestra de primer grado.

Con el tiempo, mi renovado espíritu artístico adoptó muchas formas y expresiones nuevas. Hoy, viajo por todo el mundo enseñándole a miles de personas, año con año, cómo ser más creativas, cómo diseñar bellos proyectos y cómo usar los colores para sus comercios y sus vidas. He escrito 30 libros sobre el tema y he publicado miles de artículos. Incluso he aparecido en 15 videos, tengo mi propio programa de televisión y me he presentado en muchos programas más.

Qué diferente sería mi vida, y la vida de aquellos en los que despierto la creatividad cada año, si una mujer mayor, que sólo vi una temporada en mi vida, no me hubiera dicho que, cuando fuera mayor, ¡sería artista! Ella me enseñó una importante lección en la vida: respetar los talentos artísticos singulares de cada persona. Ahora aliento a otros y les enseño a colorear saliéndose de los bordes.

KATHY LAMANCUSA

VIII
SIGUE A TU PASIÓN

"Tú eres tu propia tierra prometida, tu propia nueva frontera."

—Julia Cameron

LA SOÑADORA

C uando tenía nueve años y vivía en un pueblecito de Carolina del Norte, en la parte de atrás de una revista infantil encontré un anuncio para vender tarjetas de felicitación. Pensé para mis adentros: "Yo puedo hacerlo", y le supliqué a mamá que me dejara pedir el material.

Dos semanas después, cuando recibí el primer material, rompí el papel café que lo envolvía, tomé las tarjetas y salí corriendo de casa. Tres horas después, volví a casa sin tarjetas y la bolsa llena de dinero: "¡Mamá, muchísimas personas se morían por comprarme las tarjetas!" Había nacido una vendedora.

Cuando tenía doce años, mi padre me llevó a ver a Zig Ziglar. Recuerdo estar sentada en el auditorio con las luces apagadas, escuchando cómo el Ziglar elevaba el espíritu de los presentes hasta el techo. Salí de ahí sintiendo que podría hacer cualquier cosa. Cuando llegamos al auto, me dirigí a mi padre y le dije: "Papá, quiero hacer que la gente se sienta así". Mi padre me pidió que le explicara qué quería decir. "Quiero dar conferencias de motivación, igual que el señor Ziglar", le contesté.

Había nacido un sueño.

En fecha reciente, empecé a perseguir mi sueño de motivar a otros. Después de una relación de cuatro años con una de las 100 empresas más importantes de *Fortune*, donde empecé capacitando en ventas y terminé como gerente regional de ventas, abandoné la compañía en la cúspide de mi carrera. Muchas personas manifestaron su asombro ante mi partida, pues percibía un muy buen sueldo, y me preguntaron qué sentido tenía arriesgar todo por un sueño.

Después de asistir a una reunión regional de ventas, tomé la decisión de constituir mi propia empresa y de abandonar un empleo seguro. Ahí, el vicepresidente de la empresa pronunció un discurso que cambió mi vida. Nos preguntó: "Si un genio les concediera tres deseos, ¿qué pedirían?" Tras darnos unos momentos para anotar los tres deseos, nos preguntó: "¿Para qué necesitan al genio?" ¡Jamás olvidaré la fuerza que sentí en ese instante!

Me di cuenta de que todo lo que había logrado: el grado de licenciatura, el éxito en mi carrera en ventas, mis contratos como conferencista, el ser capacitadora y administradora en una compañía de las 100 de *Fortune,* me habían preparado para este momento. Estaba lista y no necesitaba la ayuda de un genio para convertirme en conferencista en el campo de la motivación. Cuando le conté mis planes a mi jefe, con lágrimas en los ojos, este líder increíble al que tanto respeto contestó: "Avanza entregándote sin límites y tendrás éxito".

Tomada la decisión, no pasó mucho tiempo para que tuviera que superar una prueba. Una semana después de haber dado aviso, mi marido fue despedido de su empleo. Acabábamos de adquirir una casa y necesitábamos los dos ingresos para poder pagar las mensualidades de la hipoteca, pero ahora nos encontrábamos sin ingreso alguno. La idea de volver a mi antigua compañía resultaba tentadora, pues sabía que no querían que me fuera; pero estaba segura de que si retrocedía, jamás saldría de ahí. Decidí que, a pesar de todo, quería seguir avanzando, en lugar de terminar con la boca llena de "si hubiera…" más adelante.

Así nació una conferencista en el campo de la motivación.

Cuando me aferré a mi sueño, incluso en momentos difíciles, los milagros empezaron a ocurrir. En poco tiempo, mi marido había encontrado un empleo mejor, no dejamos sin cubrir ningún pago de la hipoteca y yo pude contratar varias conferencias con clientes nuevos. Descubrí la increíble fuerza que tienen los sueños.

Me encantaba mi antiguo empleo, mis compañeros y la compañía que dejé, pero había llegado la hora de proseguir con mi sueño. Para celebrar mi éxito, pedí que una artista de la localidad pintara mi nueva oficina para que pareciera un jardín. En lo alto de uno de los muros escribió: "El mundo siempre le abre paso a un soñador".

APRIL KEMP

"Quienes tienen capacidad para ver lo invisible son los únicos que tienen capacidad para hacer lo imposible."
—Anónimo

REMAR CONTRA LA CORRIENTE

Los niños siempre han formado parte importante de mi vida. Fui maestra de jardín de niños durante 28 años y estuve siempre rodeada de ellos, los niños de otros, porque yo no tuve los míos.

Cuando estuve casada, hace 25 años, intentamos tener un hijo. Después de mi divorcio, me sometí a la inseminación artificial; pero no hubo niños. La situación era más desgarradora para alguien que siempre se había sentido atraída por la maternidad.

Como sentía que, inminentemente, se me estaba agotando el tiempo, decidí que había llegado el momento de tomar las cosas en serio. Iba a ocurrir. Punto. Iba a dar *todos* los pasos necesarios para tener una criatura. Cada vez que me topara con un obstáculo, lo superaría. En mi fuero interno sabía que sería madre.

Dejé la enseñanza y me dediqué a prepararme para la maternidad. Aun cuando los médicos de la clínica especializada en fertilidad dijeron que mis posibilidades eran menos cada vez, me rodeé de personas que apoyaban mi sueño. No me di por vencida, ni siquiera cuando sentí que estaba remando contra una corriente muy fuerte.

Con el dinero de mi jubilación anticipada, financié un trasplante de embrión. Ya contaba con un óvulo donado, pero conseguir el esperma resultó más complicado. Con temor me dirigí a un hombre con el que llevaba saliendo muy poco tiempo. Recuerdo la sensación incómoda y llena de emociones que tuve cuando le hablé de mi sueño. Le pedí que donara su esperma. Los ojos se le llenaron de lágrimas. En lugar de salir corriendo, se sintió honrado de colaborar en mi búsqueda apasionada.

Seguí soñando con tener un hijo. Meditaba sobre ello e inventaba oraciones como: "Estoy sana, soy feliz y ¡estoy embarazada!" Hice un enorme cartel lleno de fotografías de bebés y madres embarazadas. Ocupaba un lugar muy destacado en mi casa, para que todos los que entraran en ella pudieran verlo y creer conmigo.

El implante de embrión tuvo éxito, ¡justo como lo había esperado! No tuve ningún problema durante el embarazo. La sección C funcionó estupendamente y el 29 de marzo de 1995 Zachary Lee Roth llegó a mi vida.

Hay una analogía con la que me identifico. Soy como un salmón. El salmón tiene una meta: volver a la zona de reproducción y depositar sus huevos. Supera las aguas de los raudales y las rocas del río. Sale golpeado, pero no vencido. Pase lo que pase, el decidido salmón llega a su meta o muere en el intento. Definitivamente soy como el salmón... y ¡llegué!

En estos días es difícil encontrarme. Estoy ocupada jugando con mi hijo pequeño. Es un milagro ver cómo crece y cambia día con día. Es un milagro que yo esté sola y, no obstante, que haya sido capaz de crear este hermoso niño.

Cuando llegué al punto donde pude ver lo que había de tener, nada pudo detenerme. Concebir una criatura fue suficiente milagro en sí, pero lo que fue un milagro extraordinario fue tener a mi hijo a los 50 años.

HARRIET ROTH

LA MAGIA DE LA IRA

De repente, la puerta del salón se abrió de un portazo. Con paso marcial entró la subdirectora, mejor conocida como "La Tirana". Se escuchó una corriente subterránea de lamentaciones cuando La Tirana cruzó los brazos al frente de su abundante seno y elevó una ceja, tan alto que parecía que llegaría más allá de la coronilla de su cráneo. La Tirana no era una señora cualquiera. De hecho, ni siquiera era una señora, sino más bien el epítome de "No estoy bien y tú tampoco".

Me pregunté cuál juego estaría a punto de iniciar ella, al mismo tiempo que intentaba proseguir con mi lección. Mis estudiantes estaban envueltos, con gran entusiasmo, en una discusión de la psicología popular de moda, basada en el *Yo estoy bien, tú estás bien*, de Thomas Harris, y en *Los juegos que todos jugamos*, de Eric Berne. En realidad, me encantaba interactuar con mis alumnos y me había convertido en su "asesora en caso de apuros".

En lugar de observar la dinámica del grupo, La Tirana fijó su gélida mirada en mi persona. Después de 30 tensos minutos de profundo escrutinio, se puso de pie y se dirigió a la salida. Todos estábamos preparados para un profundo suspiro de alivio cuando ella, de repente, se dio media vuelta y se lanzó contra mí. Tenía la mandíbula apretada y movía locamente su índice hacia arriba y hacia abajo, preparándose para hacer la disección a su víctima del día. Gruñó con tono de tanta venganza que pude sentir su amargo aliento. "¿Quién se cree usted que es, señorita

Field? Cuidado con lo que le dice a estos estudiantes. Recuerde que usted no es psicóloga."

La ira se agolpó en mi interior y sentí como si mi presión arterial subiera más allá de lo que puede medir cualquier instrumento. Mi adrenalina brotó y mi pulso se disparó. Se me llenaron los ojos de lágrimas y el corazón me latía al ritmo loco de una danza primitiva de guerra. Hice todo lo posible por conservar tapado el hervor que sentía en mi interior.

Cuando La Tirana había terminado su horrenda misión y, por fin había abandonado el salón, los estudiantes se agolparon a mi alrededor en solidaridad. Uno gritó: "¡No deberían dejarla salir sin su domador!" Otra añadió: "¡Alguien tendría que domarla. Hoy, en el baño, deshizo mi bolso, a pesar de que le pedí que no lo hiciera porque ni fumo ni me drogo!" Fue la voz trémula de un muchacho naturalmente tímido la que llegó hasta mí. "Simplemente tiene celos porque hablamos de nuestros problemas contigo y no con ella."

Esa noche, mientras me dirigía a casa en mi auto, todavía sintiéndome como el Vesubio a punto de una gran erupción, las lágrimas retenidas fluyeron como lava ardiendo que me quemaba sin consolarme. Cuando por fin me metí en la cama, no pude dormir. Una y otra vez, las palabras desafiantes de La Tirana resonaban: *Recuerde que usted no es psicóloga. ¿Quién se cree usted que es? Usted no es psicóloga. Usted no es…*

La interminable noche por fin cedió el paso a un brillante amanecer. Cuando el lucero de la mañana iluminó mi rostro, en mi mente se encendió una luz y me escuché gritar: "¿Por qué *no* psicóloga?" La pasión ocupó el lugar de la ira y me encontré en mi auto, dirigiéndome a la universidad. Antes de que el sol cediera el paso a la luna llena, me había inscrito en mi primer curso de psicología clínica.

Nuestros profesores vienen en infinidad de formas. En ocasiones, los que nos empujan hacia el cambio son quienes menos probabilidades tienen de producir un efecto positivo. La Tirana, en su afán por apagar mi espíritu y ponerme en mi lugar, falló su primer objetivo y tuvo un gran éxito en lo segundo. Mi espíritu se disparó cuando el fuego de mi ira se convirtió en el combustible para recorrer el camino que acababa de elegir.

Han pasado muchos años desde esa transición en mi vida. Ayer, se abrió la puerta de mi consultorio. Entró una paciente nueva, que parecía una tetera a punto de estallar. "Doctora Field —dijo con los ojos llenos de lágrimas—. Soy maestra de escuela y he tenido un día terrible. Hay una directora que es una tirana. Me pegó de gritos en frente de todo el grupo. Me siento tan humillada. ¡Ya no aguanto más!"

La compasión se agolpó en mi interior cuando dije: "Creo que puedo ayudarla".

ELEANOR S. FIELD

UNA IMPORTANTE CITA PARA ALMORZAR

uando iba a la escuela de la catedral de San Raymundo, usaba una falda roja a cuadros, tableada, una blusa blanca con cuello grande, calcetines blancos y mocasines negros. En el sexto grado, estaba convencida de que sabía exactamente cómo debía administrarse nuestra escuela. Me sentía frustrada por la falta de espíritu escolar. Decidí que mi misión sería salvar a la escuela.

Al término de un agradable día de verano, me dirigí a la oficina de la directora y le dije a la anciana secretaria que quería ver a la hermana Muriel. Con un aspecto muy austero en su triste traje gris, la hermana Muriel me preguntó qué quería. Las palabras se agolpaban en mi boca al decirle que necesitábamos más espíritu escolar. Ella me cortó y preguntó si quería almorzar con ella al día siguiente. ¡Evidentemente había reconocido mi agudo intelecto! Ese día volví a casa brincando de felicidad.

"¡Voy a tomar el almuerzo con la directora!", le dije a mis amigas. "¿Tienes algún problema?" "¡Qué aburrido!", exclamaron mis amigas. Como siempre, pensaban que yo estaba loca, que sólo las maestras podían cambiar asuntos como el espíritu de la escuela.

La hermana Muriel había colocado una enorme silla de cuero rojo junto a su escritorio para que me sentara. Cuando lo hice, mis pies casi no llegaban al suelo. Con cuidado, extendí mi servilleta sobre el escritorio y coloque ahí mi sándwich de mortadela, los Cheetos y una cajita de leche con chocolate. La hermana

Muriel había hecho lo mismo con su sándwich de atún, sus *pretzels* y unas *Oreos*. ¡No podía creer que una monja comiera *Oreos!*

Mientras mordisqueaba sus *pretzels*, la hermana Muriel me pidió que le explicara, con detenimiento, mi preocupación. Hablé apasionadamente del espíritu de la escuela. Pasados algunos minutos, se inclinó hacia adelante y me preguntó: "¿Qué propones hacer al respecto?" Eh, oh, no sabía. Lentamente, empecé a presentarle ideas, terminando cada una con una interrogante en la voz. Después de cada proposición, ella me preguntaba: "¿Qué recursos podemos usar? ¿Cómo lo haríamos? ¿Lo apoyarían otras alumnas?" Juntas eliminamos las ideas tontas y reelaboramos las buenas. Cuando habíamos identificado tres posibilidades sólidas, me pidió que eligiera la que prefiriera. La hermana Muriel se recargó en su silla y me preguntó si verdaderamente estaba comprometida con este proyecto. Con el entusiasmo de una niña inocente, exclamé: "¡Sí, hermana!" Me miró fijamente y dijo: "Está bien, puedes hacerlo". Creo que ese día llegué volando a casa.

En los tres años siguientes comí muchas veces sentada en esa enorme silla roja. La hermana Muriel me hacía sentir importante. En cada comida, me expresaba mejor. Aprendí a adelantar lo que ella podría preguntarme. Confirmar cuán preparada podía estar se convirtió en una especie de juego. Con el tiempo, pude presentarme a comer con unas cuantas ideas sólidas y un plan de acción. La hermana Muriel me escuchaba, me dejaba intentar cambios, me dejaba fallar y me dejaba volver a intentar. Cuando iba a esas comidas yo pensaba que lo sabía todo, pero fue ahí donde aprendí todo lo que sabía.

Mucho tiempo después, cuando era maestra de primer grado, estaba convencida de que sabía exactamente cómo debería dirigirse la escuela. Profundamente preocupada por la falta de espíritu de la escuela, decidí que sería mi misión salvar nuestra escuela. Armada con mis ideas, entré a la oficina del director. "¡Tom, tenemos que comer juntos!", exclamé. Al día siguiente, mientras comíamos juntos le expliqué mis ideas. Convinimos en un plan y Tom me dio luz verde. Creo que volví volando a mi salón.

Cuando le comenté de pasada a una maestra que iba a ver a Tom, ella me explicó que los directores son personas muy ocupadas, que los profesores en realidad no pueden cambiar nada, que sólo los administradores pueden producir cambios. Le agradecí su opinión y, de cualquier manera, fui a ver a Tom. Con el paso de los años, Tom y yo nos hemos hecho buenos amigos. Ha fomentado mi confianza para compartir mis ideas con él.

Ahora, cuando echo la vista atrás, agradezco a la hermana Muriel y a Tom que se hayan tomado el tiempo de escuchar a una joven entusiasta. Sé que estaban muy ocupados; no obstante, tuvieron tiempo para mí. Hay momentos en la vida que forjan a la persona que llegamos a ser. En esos momentos, la confianza puede construirse o quedar destruida.

He llegado a la conclusión de que cualquiera, independientemente de su edad o posición, puede presentar ideas y producir cambios. Espero que algún día alguien se me acerque con una idea y que yo tenga la capacidad para invitarlo a comer.

MARGUERITE MURER

CALLA Y BAILA

Martha Graham, *la sacerdotisa de la danza moderna en Estados Unidos,* dijo en cierta ocasión: "Soy bailarina y pienso que se aprende con la práctica —ya sea que se trate de aprender a bailar bailando o aprender a vivir viviendo. La vida no debe ser interpretada: debe ser vivida".

Estudié baile durante muchos años. Llegaba temprano a las clases y pasaba una hora o más haciendo calentamiento y poses regias, ante los espejos que me admiraban desde los muros del estudio. Me maravillaba mi alineación perfecta y mis estupendos estiramientos. La interpretación analítica y la perfección técnica me tenían encantada. Sola en ese estudio, era Margot Fonteyn bailando un *pas de deux* con Rudolf Nureyev… Era Isadora Duncan, con sus mascadas volando y escandalizando a Europa con sus sensuales interpretaciones.

Sí, en mi imaginación ¡era maravillosa!

Hasta que empezaba la clase.

Entonces, los espejos admiradores se convertían en espectadores burlones. Veía de reojo mi imagen menos que perfecta y me entumecía y me quedaba atónita ante lo que veía. Con la vista de todos los estudiantes puesta en mí, me transformaba de una primera bailarina a una torpe estudiante.

¿Se dan cuenta? ¿Alguna vez, cuando están en la regadera, han pensado que son Pavarotti o María Callas, pero fuera de ese cuarto lleno de vapor les mortificaría incluso acompañar un coro de "Feliz Cumpleaños"?

Frustrada, mi profesora de baile se dirigía a mí: "¡Mari Pat, tienes que abandonarte a ese movimiento, baila con todo, sin miedo a las consecuencias!"

Asentía con la cabeza, hacía como si hubiera entendido y, de nueva cuenta, ocupaba tímidamente mi lugar en la sala de baile. Esto ocurrió durante muchos meses.

Puesto que tener los músculos fríos no es conveniente para una bailarina, en invierno llegábamos al estudio envueltas de pies a cabeza. Conforme trabajábamos y nos íbamos calentando, nos íbamos quitando la ropa por capas. Un día, llevábamos como una hora trabajando en la barra cuando un compañero que estudiaba baile se quitó su sudadera y se quedó con una camiseta que tenía grabada su filosofía de la vida. Las palabras que cruzaban su pecho decían: CALLA Y BAILA.

Me asombró tanto que por poco y choco contra él. Las palabras me calaron como trueno. ¡Tan sencillas! ¡Tan ciertas!

Entonces supe que la vida está ocurriendo en este momento. ¡Que de esto es de lo que se trata! Que era hora de dejar de hacer planes, adoptar posiciones y posponer. Que era hora de dejar de *hablar* acerca de un sueño y de empezar a *realizar* mi sueño. Finalmente abandoné las palabras negativas que me decía y dejé de perseguir la perfección. Dejé salir la música que llevaba dentro. Ese día, me hice bailarina.

MARI PAT VARGA

"Cuando no te entregas a la vida, la vida no se entrega a ti."
—MARY MANIN MORRISSEY

ALGÚN DÍA

¿*A*lguna vez ha conocido a alguien que tenga un sueño tan contagioso que todo el mundo llega a creer en él? Tuve una amiga así en la universidad.

Suzy Brown era una rubia guapa y atractiva, de enormes ojos verdes y una sonrisa que podía detener una tormenta. Quería ser payasa —payasa de verdad, como los de Barnum & Bailey— y ensayaba todos los días: se ponía ropa vieja, chistosa, daba volteretas, se inclinaba hacia atrás hasta un punto donde yo pensaba que se quebraría, y brincoteaba por el cuarto cantando: "¡Tengo una nariz grande y coloradota, grandes zapatos cafés y seré la mejor payasa del mundo!"

Y lo habría sido… si lo hubiera intentado.

Cuando me topé con Suzy unos cuantos años después, no estaba en la pista del centro, no usaba un traje de lunares ni hacía reír a la gente. Estaba viviendo sola en un departamentito, atada a un empleo mal pagado que odiaba y demasiado ocupada para ir al circo cuando llegaba a la ciudad. Tenía 25 años, pero parecía de 65. ¿Saben qué me dijo? "No es el fin, Kay. Algún día tendré otra oportunidad. Algún día llegaré al circo. Algún día cuando…".

Como Suzy yo también tenía un sueño: Mi sueño era ser una conferencista capaz de inspirar a las personas para que hicieran lo que querían hacer; pero primero debía tener la confianza suficiente para pararme delante de una sala llena de gente, abrir la boca y lograr que algo... lo que fuera... saliera de ella. Sin embargo, tenía tanto miedo que ¡ni siquiera podía decir una plegaria en silencio! Mi cerebro había empezado a funcionar el día que nací, pero, sin duda, ¡se detenía cuando trataba de hablar en público!

Durante años dije que quería desarrollar mi habilidad para la oratoria; pero estaba ocupada, estaba quebrada, estaba enferma: no sabía cómo. Cuando uno tiene miedo de hacer algo, un pretexto sirve tanto como otro.

Un día, después de haberle contado mi sueño a muchas personas y de prepararme para él durante tanto tiempo, en pequeñas maneras que ni siquiera yo reconocía, me quedé sin pretextos. Sabía que *tenía* que superar mi miedo a hablar en público.

La primera vez que traté de pronunciar un discurso, sólo había diez personas en la sala y las conocía a todas muy bien. También sabía muy bien mi discurso, pero cuando me puse de pie para hablar, todas las funciones de mi cuerpo fallaron. La memoria se detuvo. Mis ojos veían sin mirar y no podía ver al público. El corazón me latía desbocado como si tratara de salirse de mi pecho. Mi cuerpo cayó en una especie de *rigor mortis*. ¡El desodorante dejó de funcionar! Respiré hondo, sentí la cabeza ligera, miré a mis amigos y, con toda calma, ¡me desmayé!

Muy lentamente, *llegué* a aprender a hablar en público. Incluso gané unos cuantos premios de oratoria. Con cada éxito, fui reuniendo valor. Y, con cada derrota, fui acumulando fuerza. A la larga, llegué a finalista del ¡Campeonato Internacional de Oratoria!

¿Recuerdan a mi amiga Suzy Brown? Mi amiga bella y talentosa murió de cáncer a los 30 años, sin llegar a un circo jamás. Su "algún día" jamás llegó. La última vez que la vi me dijo: "Kay, me gustaría tener otra oportunidad para tratar". Dejar los sueños pendientes es como dejar la vida pendiente.

Dos sueños... dos finales... yo di el primer paso; Suzy dejó su sueño pendiente. Si Suzy pudiera hablarnos ahora, estoy segura que diría: "No tengas miedo de tratar de alcanzar una estrella; para eso las puso Dios tan lejos, justo por eso".

KAY DUPONT

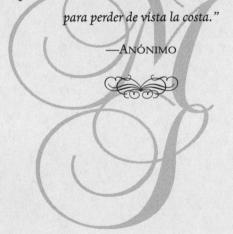

IX
OTRA MANERA DE SER

"No podrás descubrir océanos nuevos si no tienes el valor
para perder de vista la costa."

—Anónimo

¡NO HAY POR QUÉ LLEGAR A CASA AGOTADOS DEL TRABAJO!

*C*uando estudiaba con la Doctora Margaret Mead, advertí que tenía una energía de una clase especial. ¡Trabajaba mucho más que cualquiera de nosotros, a pesar de que nos llevaba entre 35 y 40 años! Un día le pregunté: "Margaret, ¿cómo tiene tanta energía, cuando el resto de nosotros estamos arrastrándonos de cansancio?"

Reflexionó, pensó un segundo —rascándose la cabeza mientras lo hacía— y después respondió con una sonrisa: "Supongo que se debe a que jamás crecí... ¡aunque he engañado a casi todo el mundo para que crea que sí lo hice!"

Tomé en serio lo que me dijo y empecé a recorrer las alegrías de mi infancia. El solo recuerdo de jugar a patear una lata en una noche de verano me revivía con la energía especial que todos tuvimos de niños.

Luego entonces, ¿qué pasaría si me atreviera a más y rescatara algunos sueños preciosos que jamás ocurrieron? Nunca le dije a nadie que quería tomar lecciones de tap cuando era niña, que quería bailar en un recital con un hermoso vestido y lustrosos zapatos de tap.

Crecí en Houston, junto a una adorable niñita que se llamaba Linda Hovey. Era pequeñita y se parecía mucho a Shirley Temple. Yo era grandota, desgarbada, y mi hermano mayor y sus amigos me molestaban con el apodo de "señorita Alce".

Así que, años después, hice acopio de todo mi valor para entrar en la zapatería del barrio y pedir unos zapatos de tap del 7B.

"¿Cuántos años tiene la niña que calza del 7B?", me preguntó la empleada, asombrada.

"Dentro de poco cumplirá 50", contesté con voz queda y avergonzada.

Entrada la noche, cuando mi familia se había ido a la cama, ponía una videocinta de Bonnie Franklin llamada *Bailemos Tap* y rescataba mi fantasía de convertirme en Shirley Temple en el escenario.

Una noche, mi marido Larry se despertó y entró en la buhardilla antes de dirigirse a la cocina a comer algo. Me sorprendió en mi acto y dijo: "¡Oye, lo haces bastante bien!" Los dos nos reímos y compartí con él mi idea de llevar mis sueños a la realidad. De niño, a él le había gustado tocar el saxofón y el clarinete, así que buscamos en los anuncios clasificados y encontramos un magnífico clarinete viejo.

Estábamos verdaderamente asombrados pues podíamos llegar a casa agotados y exhaustos del trabajo, pero después de 20 minutos de música en el caso de Larry y unos cuantos cambios de paso en el mío, los dos experimentábamos un milagroso rejuvenecimiento. Inspirados por nuestro descubrimiento, decidimos darnos una fiesta sorpresa por nuestro 104 cumpleaños (él, 54; yo, 50). La sorpresa sería un recital conjunto, e invitaríamos a todos nuestros amigos a que hicieran algo que les había gustado hacer de niños o que habían soñado hacer.

No dábamos crédito a la energía que nos había llevado a esa noche mágica. Los amigos llegaron con disfraces, utilería y guiones, todos muy misteriosos. Como niños pequeños, todos luchamos contra el delicado equilibrio del temor, con un tinte de excitación, mientras esperábamos nuestro turno para actuar. Normalmente, cuando un adulto actúa, espera hasta haber ensayado lo suficiente para alcanzar la perfección; pero los niños ensayan hasta que se aburren o se cansan y después dicen: "¡Haz de cuenta que soy verdaderamente bueno!" Esa noche todos hicimos de cuenta: nos aplaudimos a rabiar unos a los otros.

En los 10 años que han pasado desde esa noche que cambió mi vida, me he arriesgado a compartir mi sueño de infancia y me he atrevido a bailar mal el tap ante muchos públicos. Les encanta mi valor infantil cuando les pido una gran ovación al final, "como la que le darían a Barbra Streisand cuando estuvo en su mejor momento". La multitud siempre tiene lágrimas en los ojos; nuestros yo infantiles nos ruegan que les hagamos un espacio en nuestras vidas ajetreadas.

Cuando presento estas descabelladas actuaciones, termino con el juego infantil de ¡A que no te atreves! Y digo: "A que no te atreves a dedicar un poco de tiempo a tus sueños y fantasías de infancia. Encuentra, pues, una forma creativa para rescatarlos".

Un director general de aspecto muy digno y 1.80 m de alto, me dio las gracias después de que yo había recibido una calurosa ovación en la reunión anual de su compañía. "Siempre he tenido el deseo secreto de bailar tap —me dijo—. ¡Pronto cumpliré 68 años y hoy usted me ha dado el valor para rescatar el sueño de toda mi vida!"

ANN McGEE-COOPER

LIBERARSE DEL PESO DE LA OPRESIÓN

En los 20 años que llevaba trabajando de paramédica había tenido que cumplir con obligaciones que habían requerido de un enorme valor. Pronto aprendería que las hay de otra clase.

Hace algunos años, estaba sentada en un despacho desordenado, ubicado en el edificio de un hospital en ruinas, en el centro de un pueblo indescriptible al sur de Texas. Encendí un cigarrillo (eran los tiempos en que se podía fumar en los edificios) y observé a una enorme cucaracha trepar por la pared enfrente de mi escritorio. Inicié mi 457 día de autoconmiseración aguda.

Tim, un compañero enfermero, entró y le dio un golpe al horrible insecto, lo tiró al suelo y lo pisó con el poderoso tacón de su bota de patrullero. A pesar del golpe, el insecto no murió. "Un poco como yo", pensé. "Pisoteada sin misericordia y vuelvo una y otra vez por más."

En el año que llevaba divorciada, no había tenido muchos días felices. Era como si toda mi existencia dependiera exclusivamente de mis obligaciones para salvar vidas. Contestar para atender una urgencia era el único momento en que sentía que mi corazón latía. Mis pensamientos volaron otra vez al fondo de mi problema: *Si sólo pudiera encontrar a un buen hombre…*

De repente me sentí mal. ¿Qué estaba pensando? ¿Desperdiciaré toda mi vida esperando al príncipe encantado? Sin duda no había estado por ahí en los primeros 37 años.

Me levanté y pasé junto a Tim, para salir a la calle. De pie en la banqueta estudié mi entorno. "¡Dios mío! —me dije mientras continuaba con mi lento recorrido—. Aquí no hay nada que ver, no hay paisaje, no hay árboles verdes ni agua, no hay montañas altas. Ni siquiera una colina. ¿Por qué estoy aquí?" La pregunta fue la combustión interna que necesitaba. Sonreí y sentí que la esperanza crecía en mi interior. Ahí parada, en la banqueta de Center Street, con mi uniforme, reí hasta que las lágrimas me corrían por el rostro.

Esa noche saqué una libreta de papel tamaño oficio. Escribí: "QUÉ QUIERO". Bajo el título anoté ocho deseos: 1. Vivir en un lugar bonito con una vista de 360 grados; 2. Ganar un buen sueldo; 3. Volver a tener un auto deportivo rojo; 4. Jamás volver a ver una cucaracha; 5. Tener un magnífico empleo enseñando a enfermeros y paramédicos; 6. Sentirme orgullosa de mí misma; 7. Nunca, *jamás*, volver a necesitar a un hombre, excepto para arreglos de plomería; 8. Pasar mis siguientes 40 años tranquila y feliz. Trabajé hasta las primeras horas del amanecer, puliendo mi currículum, y después envié copias a las oficinas de Servicios Médicos de Urgencias de cuatro estados del noroeste.

Hubo más de 50 personas en mi fiesta de despedida y cada una hizo la misma pregunta. "Wendy, ¿cómo puedes simplemente empacar y lanzarte a Alaska sin conocer a nadie ahí?" Aglunas de las mujeres dijeron: "Jamás sería capaz de irme a un lugar agreste sola". Un hombre me dijo que en Alaska había siete hombres por mujer. "Te vas a conseguir marido, ¿verdad?"

"Sí, así es."

La verdad es que había optado por disfrutar de mi propia compañía durante un tiempo. Algo que nunca había hecho de verdad.

En una semana, sería la coordinadora de Servicios Médicos de Urgencia del sudeste de Alaska. El empleo requería que viajara en barco e hidroplano a las zonas distantes, que acampara. Tendría que pasar tiempo en esas comunidades aisladas dando clases de servicios de urgencia. No sabía que tal carrera existiera y fue como si hubiera diseñado el puesto para mí misma.

Ese día, mientras miraba todos los rostros llenos de dudas, no sentí miedo en lo absoluto. Sólo alegría. Dos maletas y cuatro cajas de material de capacitación fueron todo lo que empaqué. Me deshice de todas mis pertenencias.

Cuando me despedí me di cuenta de que se requería valor para empacar e irse a vivir a Alaska. La valentía me había nacido cuando hice mi lista, y me decidí a cumplirla. Me di cuenta de que podría controlar mi destino. La debilidad radicaba en esperar el cambio, en lugar de producirlo.

¿Qué necesito? A mí. ¿De quién dependo? De mí. ¿A quién quiero? A mí. ¿Quién me hace feliz? Yo. Egoísta, dirá usted. Tiene toda la razón, pero no hay cucarachas en Alaska.

WENDY NATKONG

LA CAMINATA SOBRE
EL FUEGO: DAR CALIDEZ
A MI "ALMA"

Mi amigo *Robert me llamó para decirme que acababa de* caminar sobre fuego. Emocionado, me aconsejó que yo también lo hiciera: "Fue asombrosamente fácil: como traspasar el umbral del miedo". Me impresionó el triunfo de la "mente sobre la materia" que había logrado Robert.

Había pasado muchos años pensando que yo nunca iba a alcanzar resultados, a no ser que estuviera dispuesta a empujar una piedra enorme, cuesta arriba, para alcanzarlos. Tal vez esta caminata sería justo el empujón que necesitaba.

El taller empezaba por encender un enorme montón de madera. La temperatura de la madera llegaría a 1200–1300°F, temperatura suficiente para derretir el aluminio. ¡Se suponía que uno caminaría sobre las brasas encendidas, descalzo, sin quemarse los pies!

Nos enseñaron a adquirir conciencia de las sensaciones de nuestro cuerpo y de nuestros pensamientos, a *saber* si sería seguro caminar sobre las brasas o no. Si notábamos que nuestro cuerpo estaba tenso o si pensábamos: "Me da miedo quemarme", no debíamos caminar. No obstante, si sentíamos que nuestro cuerpo y mente estaban relajados y si pensábamos: "Sí, confío en que no pasará nada", entonces podíamos intentarlo. Estaban enseñándonos a confiar en nuestra intuición.

El proceso de visualización resultó la parte más reveladora de la tarde. Nos pidieron que pensáramos en todos los miedos que sentíamos ante la idea de caminar sobre el fuego y que visualizáramos nuestro *mayor* temor, hecho realidad. En la mente, imaginé que tenía los pies gravemente quemados, pero me asombró darme cuenta de que ese no era mi *peor* temor. Mi mayor miedo era yacer en una cama de hospital, explicándole a mi hermana cómo me había quemado. Estaba *verdaderamente* temerosa de lo que ella pudiera pensar de mí. Podía oírla exclamar: "¿Frances, cómo se te pudo ocurrir hacer este acto loco y estúpido?" No sabía que me importara tanto lo que otros pensaran de mí.

Luego nos pidieron que visualizáramos qué pasaría después de haber hecho frente a nuestro mayor temor. Experimenté el decirle a mi hermana lo que había hecho y por qué. La vi confortándome y manifestándome su amor. Otra revelación. ¡Claro que me querría, sin condiciones!

El instructor de la caminata sobre fuego nos habló de cuatro pasos sencillos, pero muy importantes, que debíamos seguir para atravesar las ascuas sin quemarnos (y para vivir la vida).

1. Saber de dónde se está partiendo.
2. Saber a dónde se quiere llegar.
3. Diseñar un plan para llegar ahí.
4. Seguir el plan.

Había llegado el momento de salir al exterior y hacer frente al fuego: "¿Voy a confiar en mi intuición o voy a reprimirme llena de miedo?", me pregunté. Me paré ahí, sintiéndome agotada, desalentada y derrotada por todos estos años de estar reprimiéndome. ¡Estaba decidida a liberarme! Me comprometí a confiar en mí y a caminar.

Con el primer paso, cambié mi vida. Conforme iba avanzando podía sentir que me liberaba. Estaba haciendo lo que quería hacer, sin miedo a qué dirían los demás. Me demostré que el miedo no tiene por qué impedirme ser la persona que quiero ser.

Era un gran avance: de hecho estaba caminando descalza sobre brasas encendidas.

Empecé a sentir mucho calor en los pies cuando terminé mi trascendental caminata y me bajé para pisar el césped húmedo y frío. Usé una manguera para lavarme las cenizas y el tizne y entré a la casa, donde podría examinar mis pies a la luz. No estaban quemados ni ampollados en absoluto. Mi intuición me había servido mucho.

Desde que caminé sobre fuego, he tenido más conciencia de las señales de mi cuerpo y mi mente siempre que he tenido que tomar una decisión o correr un riesgo. Mi intuición se ha convertido en un instrumento muy útil incluso para las elecciones más nimias de la vida.

Ahora, cuando me habla el corazón, siempre escucho. Repaso mi intuición y diseño un plan que pueda seguir. A cada paso del camino, me aseguro de estar en la senda correcta. Realizo mis deseos más profundos y experimento mucha más facilidad y armonía en mi existencia.

Antes caminaba con temor. El caminar sobre fuego dio calor a mi alma y revivió mi espíritu. ¡Hoy camino con confianza y alegría, y los milagros asombrosos han pasado a formar parte normal de mi existencia!

FRAN FISHER

"Cada vez que curas una parte de tu ser traes más luz al mundo."
—Anónimo

EL PORTAL DEL DESTINO

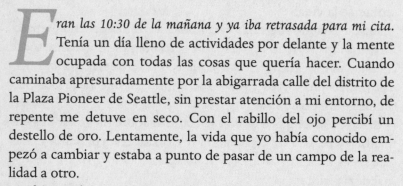

Eran las 10:30 de la mañana y ya iba retrasada para mi cita. Tenía un día lleno de actividades por delante y la mente ocupada con todas las cosas que quería hacer. Cuando caminaba apresuradamente por la abigarrada calle del distrito de la Plaza Pioneer de Seattle, sin prestar atención a mi entorno, de repente me detuve en seco. Con el rabillo del ojo percibí un destello de oro. Lentamente, la vida que yo había conocido empezó a cambiar y estaba a punto de pasar de un campo de la realidad a otro.

Ahí parada, con el corazón latiendo y el cuerpo sudando, no pude seguir adelante. Miré alrededor, no encontré nada extraño: sólo un sucio edificio de ladrillo y un hombre acurrucado en el portal. Al principio no lo reconocí. De hecho, tardé varios segundos en siquiera saber por qué me había detenido.

Jamás lo hubiera reconocido con su largo cabello canoso y su descuidada barba. La rasgada camisa de poliéster dorada y los sucios pantalones café no me resultaban conocidos. Nunca había visto sus zapatos desgastados ni su abrigo verde militar con el que se había envuelto para dormir caliente.

El anillo de oro llamó mi atención. Su mano colgaba del abrigo que estaba usando como cobija. El sol hizo que el anillo brillara justo en el momento en que yo iba pasando. Qué bien recordaba esa argolla de oro. La había visto todos los días cuando era niña.

Lentamente, me di cuenta de que el hombre que dormía en el portal era mi padre. *Mi padre.* Cuando vi a este hombre que tenía las orejas y el cuello llenos de piojos, los recuerdos del hombre guapo y encantador me inundaron. Recordé cuánto lo buscaban como pareja de baile en los elegantes bailes del country club. Recordé cuán importante había sido para él lucir inmaculado, bien afeitado y vestido a la moda.

Era como si una película de mi vida estuviera pasando ante mis ojos. Recordé las muchas fiestas; escuché a la gente riendo, bebiendo y fingiendo. También recordé las violentas peleas a la hora de cenar, noche tras noche. El incesto. El sarcasmo. El divorcio de mis padres. Recordé los buenos tiempos. Vi a papá cuando encontramos el huevo de oro, de Pascua, en el club. Recordé aquel poema que escribimos y que mereció el honor de ser publicado. El otro matrimonio de papá. La escuela privada. Vi el centro de tratamiento mientras acariciaba la esperanza de una recuperación. Todo pasó rápidamente ante mis ojos.

Me quedé ahí parada, agobiada por el dolor y avergonzada mientras los recuerdos del pasado seguían agolpándose en mi memoria. Volví a sentir la humillación y la vergüenza que había sentido durante tanto tiempo. Llena de ira pregunté: "¿Por qué, Dios, por qué mi familia? ¿Qué sentido tiene todo esto? ¿Por qué se vio mi familia tan afectada por el alcoholismo, las drogas y el abuso? ¿Por qué?"

Me quedé ahí parada, mirando a mi padre, con lágrimas que surcaban mi rostro. La profundidad del dolor me parecía insoportable y, sin embargo, en este momento cedí. Empecé a experimentar el momento más liberador y curativo de mi vida.

Empecé a entender. Ante mí estaba la expresión elocuente de una vida que había vuelto a descubrir su alma. Creo que cada quien escoge su viaje y descubre la esencia de la vida a su propia manera. Los demás no pueden hacerlo por nosotros.

Había pasado muchos años analizando, criticando, juzgando y condenando a mi padre. Me había concentrado en tratar de cambiarlo.

En ese momento de la verdad, empecé a entender que yo era quien debía cambiar. Tenía que pasar de aferrarme a dejar ir. Tenía que pasar de enjuiciar a compadecer. Tenía que respetar su ruta de descubrimiento. Tenía que vernos a los dos de otra manera.

Mi padre es uno de los hombres más talentosos y creativos que haya conocido jamás. Su camino para descubrirse fue el alcoholismo, el abuso y, ahora, el vivir en la calle.

En ese momento me pregunté si estaba dispuesta a reconocer los talentos creativos que me había dado Dios y a avanzar valientemente hacia mi plenitud, o si iba a dejar que los malos hábitos, el alcohol y el miedo a lo que otros opinaran me despojaran de mis sueños.

Aun cuando estaba sumamente conmovida, seguí mirando al hombre lleno de talentos, acurrucado en el portal. Me di cuenta de que no es cuestión de tener la razón o no tenerla, de deber o no deber. Cada quien elige su respuesta a los retos de la vida y aprende lo que ha de aprender.

Lancé una última mirada a mi padre, acostado en el portal, me enjugué las lágrimas y murmuré para mí misma: "Gracias, papá, por enseñarme a ser compasiva".

JODY MILLER STEVENSON

ME QUIERE...
NO ME QUIERE...

"Dave nunca me dice que me quiere. A veces pienso que ni siquiera le importo", me dijo mi querida amiga Bonnie a la hora de comer.

Como conocía bien a la pareja, le dije: "Bonnie, él te adora. Es evidente".

"¿En verdad lo crees? Después de 27 años de matrimonio, las cosas no son como al principio."

"Sé cómo te sientes, pero ¿por qué no intentas algo? —le pregunté—. Cuando llegues a casa, empieza a buscar pruebas de que te adora, en lugar de evidencias en sentido contrario. Sólo durante 24 horas, ¿te parece?" Bonnie aceptó de buena gana.

Mi amiga me llamó al día siguiente. "Tu idea funcionó —me dijo casi gritando—. Cuando llegué a casa, Dave me preguntó: '¿cómo te fue en tu comida?', y yo pensé para mis adentros: 'Quiere saber cómo me fue porque me adora'. Cuando me llamó para que viéramos el atardecer, pensé: 'Lo hace porque me adora'. A media noche desperté y no me pude volver a dormir. Dave me preguntó si me pasaba algo y empezó a sobarme la espalda.

"Empezaron a suceder cosas raras. Primero, advertí que es un gran tipo. ¿Qué otro sentimiento vas a tener sino que te adora? Y, *después*, un poco más tarde, cuando se puso gruñón, pensé: 'Es gruñón, pero no hay problema, porque sé que me adora'."

"Qué bueno por ti", le dije.

"Espera. Hay más. Empecé a sentirme diferente acerca de mí también. No soy tan mala persona. De hecho, soy adorable", dijo riendo.

Bonnie aprendió que tenía capacidad para cambiar su modo de percibir las cosas. Podía haber llegado a casa, al mismo viejo matrimonio, con la misma actitud y habría visto las cosas de la misma manera que antes puesto que habría estado buscando pruebas para confirmar que él no la amaba, Bonnie habría dejado, entonces, de percibir todo el amor que estaba ahí.

Antes Bonnie preguntaba: "¿Me quiere o no me quiere?" Ahora está asombrada de haber descubierto todas las maneras creativas que su marido ha empleado para darle la respuesta que siempre estuvo ahí: "Me quiere".

CHRISTINE B. EVANS

> *"Cuando bajamos la intensidad de nuestra luz,*
> *estamos convocando a la mediocridad."*
> —KRIS KING

¿QUÉ QUIERES HACER EL RESTO DE TU VIDA?

*J*amás olvidaré a la tutora que me guió en la universidad: *Cathy Martin*. La conocí cuando llegué a la Universidad de Northwestern en mi último año de estudios.

Cathy me pidió que pasara a su oficina y me preguntó: "¿Qué quieres hacer?"

Pensé que estaba preparada para responder valientemente a la pregunta. Con orgullo anuncié: "Quiero dedicarme a los medios de comunicación".

Al parecer, a Cathy no le impresionó mi declaración. Preguntó: "¿Concretamente qué quieres hacer en los medios de comunicación?"

"Lo que sea."

"Igual que muchas personas más —dijo molesta—. El campo de los medios de comunicación está muy competido. Tienes que saber exactamente qué quieres hacer para poder triunfar. Tienes que decidir aquí y ahora qué es lo que quieres hacer."

Miré a Cathy fijamente a los ojos y le dije con convicción: "Quiero ser reportera y comentarista de noticias por televisión".

Sonrió. "Está bien —dijo—. Ahora sabes lo que quieres hacer. Cuando salgas de aquí, dile a todo el mundo que sabes qué quieres hacer de tu vida: diles que quieres ser reportera y comentarista de televisión. Y uno de esos días en que no te sientas segura, comparte esa inseguridad con tu familia, con tus amigos y conmigo; pero al resto del mundo dirígete con seguridad en todo lo que hagas."

Salí de la oficina de Cathy Martin. Tenía rumbo. Tenía una misión: convertirme en una periodista *extraordinaria* en los medios de comunicación. En diciembre de 1973 me gradué, seis meses antes de tiempo, para adelantarme a quienes iban a graduarse en junio. En cuestión de meses, después de muchos rechazos, conseguí mi primer empleo como reportera de TV. De hecho, casi fui la primera y la más joven mujer que trabajó como comentarista adjunta en aquella época, en Estados Unidos. Llegué a ser reportera de noticieros de TV de costa a costa, a ser comentarista y a dirigir un programa de entrevistas.

Cuando llegó el momento de avanzar en mi carrera, recordé cómo Cathy Martin me había motivado para establecer una meta, para llegar a ser todo lo que puedo ser, para alcanzar mi sueño. Decidí aprovechar mi formación en el campo de los medios de comunicación y convertirme en conferencista de temas de motivación y capacitadora: compartir mis secretos de cómo hacer mejores presentaciones y mejorar la imagen personal; con ello ayudo a las personas a obtener los resultados que quieren, al poder ganarse a todo tipo de públicos. Superar los temores y dudas acerca de uno mismo puede ser un proceso largo o una decisión sencilla.

Cathy Martin me enseñó a decidir… y a lanzarme a buscar el resultado.

LINDA BLACKMAN

ABRAZOS "OFICIALES"

Un domingo repartí vales de abrazos entre la congregación. Tal vez suene cursi, pero cada vale de estos decía: "Vale por un abrazo gratis". Mientras las personas se reían y los usaban, presencié que una tras otra se iban ablandando y disfrutando del proceso de darse unas a otras.

Una tímida maestra de catecismo de la iglesia trabaja en la Secretaría de Hacienda. Siempre me he imaginado una oficina de Hacienda como un lugar burocrático, sombrío e inhóspito, con montones de papeles. Ella advirtió que todos los abrazos que nos dimos en la iglesia nos hicieron mucho bien. La habían educado para ser una persona reservada. Hace años, si alguien hubiera intentado abrazarla en la iglesia, habría explotado en llanto por su vulnerabilidad y vergüenza. Hoy no fue así.

Quiso saber qué ocurriría si repartía vales de abrazos en la oficina de Hacienda. El día de su cumpleaños, llevó un montón de tarjetas que decían "Vale por un abrazo gratis". Cuando hubo repartido los vales en todos los despachos, empezaron a ocurrir cosas sorprendentes. Personas que conocía de vista, pero que no habían hablado con ella nunca, empezaron a llegar de los pisos de arriba y de abajo, para preguntarle si era la persona que estaba repartiendo abrazos de cumpleaños. ¡Un tal Bill quería saber incluso si tenían fecha de vencimiento!

Dos años después de introducidos los vales de abrazos, una empleada temporal se presentó a trabajar para la temporada de recaudación fiscal. ¡Llevaba su vale por un abrazo! Dijo que lo había llevado ese primer día, para que la recibieran en la oficina con un abrazo. Otro empleado, que fue comisionado a Colorado Springs, había guardado su vale por un abrazo y lo sacó el último día para recibir abrazos de sus amigos en esa oficina de Hacienda. Bill, que había manifestado especial entusiasmo por el vale, más adelante se enfermó de cáncer. Cuando se jubiló anticipadamente, no hubo una sola persona que se privara de darle un abrazo antes de que se despidiera.

Tal vez sea extraño relacionar los abrazos con la oficina de Hacienda. No obstante, una persona que estuvo dispuesta a correr un riesgo, evidentemente marcó una diferencia. Las personas empezaron a verse a sí mismas y a ver a los demás bajo otra luz. "Los vales oficiales de abrazos de la oficina de Hacienda" se hicieron cosa común.

Piense cómo mejoraría nuestro mundo si todos estuviéramos dispuestos a repartir vales de abrazos sin fecha de vencimiento ni condiciones. ¡Las repercusiones de un abrazo serían mucho mayores y duraderas que un reembolso de la Oficina de Recaudación Fiscal de Hacienda!

REV. MARY OMWAKE

X
TERNUARA Y COMPASIÓN

"Para que la lámpara siga encendida, es necesario ponerle combustible."

—Madre Teresa

"Lo que nos detiene no es el amor que no recibimos en el pasado, sino el amor que no estamos dando en el presente."
—MARIANNE WILLIAMSON

LIBERÁNDOSE

Cuando pronunciaron mi nombre para que bajara del avión, en la Correccional Federal para Mujeres, en Lexington, Kentucky, estaba destrozada.

Los guardias federales sonrieron burlones. Sabían que yo pensaba que me trasladaban de una cárcel de máxima seguridad, en California, a un campamento con seguridad mínima en Bryan, Texas, y a propósito habían esperado para llamarme al último. Mientras luchaba por bajar las empinadas escaleras del avión, esposada, la garganta se me hizo un nudo y me quedé sin voz. No podía culpar a los guardias: para ellos era sóla otra interna, una delincuente sentenciada.

Bajo la vigilancia de un guarda armado, las otras reas y yo fuimos conducidas a un autobús que tenía ventanillas enrejadas. Era abril, pero el aire de Kentucky seguía un tanto frío. Me estremecí pero, sólo en parte, debido al frío. Sabía que la cárcel de Lexington era la más violenta de todas las del sistema para mujeres. Mi mente se quedó concentrada en un pensamiento: "¿Por qué, Dios? ¿Por qué me has abandonado de tu mano?"

Llevaba ocho meses en la cárcel. Siguiendo el patrón de la mayoría de las sobrevivientes de abusos físicos y sexuales prolongados, no supe decirle que no a mi padre cuando me pidió que cometiera un fraude. Yo estaba sentenciada; él no. Me declaré culpable y me dieron la condena más larga permitida para mi delito: 21 meses.

Cuando había iniciado mi condena en la cárcel, en seguida me di cuenta de que la violencia, el caos y la vigilancia extremada que estaba presenciando eran simples reflejos de lo que había vivido durante toda mi infancia. Sabía que mi vida tenía que cambiar. Pedí libros acerca de la Verdad y me los enviaron. Empecé a escribir afirmaciones. Cuando escuchaba la voz de mi padre en mi mente diciendo: *No eres nada,* lo cambiaba por la voz de Dios que decía: *Eres mi criatura bien amada.* Escribía afirmaciones que no me parecían ciertas, pero que representaban una visión de lo que yo sabía que era cierto: que Dios me amaba infinitamente y que yo era una persona de gran valía. Una y otra vez, día tras día, empecé a cambiar mi vida, pensamiento tras pensamiento.

Al llegar a la correccional de Lexington, entré en la noche oscura de mi alma. Me sentí traicionada y atemorizada. ¿Qué sentido tenía orar y creer si había acabado en una situación peor que la anterior? Conforme el autobús se acercaba a las puertas de la cárcel, las dobles rejas de cuatro metros, con alambre de púas en la parte superior, eran indicios de lo que encontraría tras sus muros. Traté de rezar. En verdad lo hice; pero todo lo que sentí fue una enorme tristeza de que otra vez, hiciera lo que hiciera, no había servido de nada.

El guarda que entregó mis papeles comentó: "Estás aquí por una Infracción 313". Mantuve la cabeza agachada, todavía sin voz. Me desvistieron para revisarme y me dieron mi nuevo uniforme y litera; también me dieron un folleto con las reglas y los reglamentos de la Correccional de Lexington. Rápidamente, consulté la parte de atrás del folleto, en busca de la infracción número 313: "Mentir o hacer falsas declaraciones a un miembro del personal". Mi corazón empezó a latir más rápido, pues sabía que me habían trasladado por algo que no había hecho. De nueva cuenta me sentí atrapada en una situación en la que era incapaz de convencer a otros de la verdad. Después de todo, sabía que sólo había dos reglas entre las guardias y las reclusas: una, las reclusas nunca confiaban en una celadora y dos, las celadoras nunca creían en las palabras de una reclusa.

Cuando las mujeres eran conducidas a sus respectivas unidades de alojamiento, advertí que éstas tenían nombres que reflejaban a Kentucky en los muros, por ejemplo, *"Bluegrass"*. Una por una o en grupos, todas las reclusas fueron entregadas a las celadoras de las unidades de alojamiento, hasta que finalmente sólo quedaba yo. La celadora me llevó a un ascensor en la unidad principal, donde estaban la cafetería y la comisaría. No podía creer la enorme cantidad de mujeres reunidas en el patio y en la unidad. Se apretaban unas contra otras y contra mí. Muchas me miraban de arriba a abajo; otras me gritaban y me silbaban. No eran manifestaciones amistosas. La celadora no permitió que entrara ninguna otra reclusa en el ascensor con nosotras dos y, durante unos instantes, asustada, percibí cómo me veía. ¿Me haría daño? No, simplemente desvió la mirada. Con gentileza me empujó para que saliera del ascensor en el tercer piso, donde golpeó con fuerza una puerta de acero. Una celadora abrió para que entráramos y me asombró lo pequeña que era la unidad. Sólo vi a dos mujeres que estaban en silla de ruedas. ¿Dónde estaba? La celadora me asignó un cuarto arriba. Seguía sin poder hablar. Me topé con varias mujeres en las escaleras y escuché la televisión a todo volumen en la sala de descanso. Sentí que el terror se acumulaba en mi interior y sólo tenía un pensamiento para sostenerme mientras subía por las escaleras: "Háblale a Gary por teléfono".

Mi marido, Gary, había estado a mi lado a lo largo de todo este predicamento, apoyándome completamente en mi recuperación. Siempre creyó en mí y, a sus ojos, yo no tenía ninguna culpa. En lugar de concentrarse en mi encarcelamiento, las cartas y llamadas telefónicas de Gary hablaban del día en que volvería a casa en Kansas. Era mi único vínculo con el exterior. Antes de salir de California, le había llamado para darle la buena noticia de que me trasladarían a Bryan, Texas. Los dos estábamos emocionados, porque sólo habíamos podido vernos una vez durante el tiempo que llevaba encarcelada. En Texas, podríamos tener visitas regulares.

Me llevaron a una habitación donde había cinco mujeres en cinco camas de hierro. Arrojé mis cosas sobre la cama que estaba sin tender, me dirigí a la mujer que estaba en la cama más próxima a la mía y recuperé la voz. "¿Dónde está el teléfono", pregunté. Me dijo que estaba en el piso de abajo, junto al puesto de vigilancia. Dejé mis cosas sobre la cama, bajé las escaleras y esperé durante hora y media para hablar por teléfono, los 15 minutos a los que tenía derecho. Cuando Gary contestó el teléfono, estaba a punto de derrumbarme y, por primera vez en casi un año, rompí en llanto. "¡Gary, estoy en Lexington —dije chillando—, y me parece que moriré aquí!"

Gary escuchó lo que yo sabía de Lexington, contado por reclusas que habían tenido la suerte de ser trasladadas a otra parte. Cuando escuchó mi voz también se puso a llorar. Más adelante me dijo que nunca se había sentido tan desvalido. Estaba en manos del sistema penal federal. "No llores, muñeca —me rogó Gary—. No puedo hacer nada por ti, pero sí puedo escribirte. Fíjate bien, dime el nombre de tu unidad y te escribiré esta misma noche." Me enjugué las lágrimas porque no quería que las otras reclusas me vieran llorando; asomé la cabeza por la caseta telefónica y busqué un letrero como el de *Bluegrass*. Ahí lo vi. Ahí sobre el puesto de vigilancia, había un letrero sencillo que decía: BIENVENIDA AL RENACIMIENTO. Lentamente empecé a sonreír: sentía que la paz me invadía cálidamente todo el cuerpo. Sabía que, no obstante las apariencias, estaba justo donde debía estar. La "coincidencia" de que mi unidad se llamara Renacimiento era un simple y claro recordatorio de que estaba y estaría siempre cuidada por la mano de Dios. Estaba bien; simplemente tenía que aprender más. "Gary —dije en voz baja—. Está bien. Voy a estar bien. El nombre de mi unidad es 'Renacimiento'... 'Volver a nacer'." Casi lloré otra vez, pero de alegría. Gary se calmó un poco al escuchar mi voz, pero nuestro tiempo se había agotado y no pude darle más confianza. Eso vendría después.

Cuando volví a subir las escaleras, sabía que Dios no me había olvidado y que no estaba del todo en manos de la Dirección Federal de Penitenciarías: estaba justo donde debería estar. Estaba segura; pero, de pronto, me puse tensa. Me di cuenta de que había roto una regla importante de la cárcel: había sido grosera con mis compañeras de celda al no presentarme antes de preguntar dónde estaba el teléfono. La cortesía y los buenos modales tienen mucha importancia en la cárcel; habiendo tantas personas amontonadas, incluso un acto que se percibe como falta de respeto paga un precio enorme. Me preguntaba si faltaba poco para enfrascarme en mi primer pleito en Lexington.

Cuando entré en el cuarto, advertí que alguien había tendido mi cama y que mi ropa no estaba ahí. Miré a la mujer que estaba en la cama contigua. Debí haberlo supuesto. Cuando uno tiene tan poco, incluso otro par de pantalones o una camiseta más tienen gran atractivo. Supuse que me habían tendido la cama a cambio de la ropa. Suspiré y abrí mi casillero tan sólo para demorar el momento de la confrontación. Sabía que tendría que pelearme por mi ropa.

No obstante, en lugar de un casillero vacío, encontré mi ropa debidamente colgada, así como una dotación de pasta de dientes, desodorante, shampú e incluso colonia. Las mujeres de la habitación, que tenían tan poco, habían compartido sus cosas conmigo, pues tenía menos que ellas. Incliné la cabeza y sonreí. Estaba más que segura; era una bendición. Más tarde supe que "Renacimiento" es una unidad médica para reclusas viejas y enfermas. Sigue siendo un misterio por qué me mandaron ahí, pues no era vieja ni estaba enferma; pero me hallaba segura. ¿Y la infracción 313? La celadora se había equivocado: me habían trasladado para que estuviera "más cerca de casa". El Reclusorio de Lexington no está tan cerca de mi casa en Kansas como habría estado el de Bryan, Texas, pero estaba mucho mejor en comparación con California.

Me presenté a las mujeres de la habitación y les agradecí su generosidad. Ninguna aceptó haberme dado nada. Después de darme un regaderazo, abrí las sábanas para meterme en la cama y encontré otro acto de generosidad: Una de las mujeres se había tomado el tiempo de poner talco en las sábanas, para que las sintiera sedosas, en lugar de tiesas y rasposas. Sentí que un amor inmesurable me llenaba en el interior y pensé: "Dios mío, me amas lo suficiente como para hacer que alguien ponga talco en mis sábanas".

Estuve los siguientes cinco meses en Lexington y me trasladaron a una casa intermedia en Kansas City para que completara mi condena. Seguí estudiando enseñanzas inspiradoras y afirmando la bondad que encontraba en mí y en otros.

Cuando finalmente llegué a casa, le pregunté a Gary: "¿Notas los cambios, los cambios de vida que he logrado desde que entré en la cárcel?" Me contestó: "No, lo que veo es la persona que antes vi y que siempre supe que estaba ahí".

BARBARA ROGOFF

LA TOLERANCIA

*S*i cambiamos la manera en que percibimos los incidentes que ocurren en nuestra existencia, cambiaremos el modo como respondemos a ellos.

Hace algunos años, decidí que sumaría un factor de 10% de tolerancia a mi vida y ello ha producido enormes cambios, todos positivos.

Imagine un factor del 10% de tolerancia en su existencia.

Imagine que pagará un 10% extra de su parte en la cuenta del restorán que comparte con sus amigas. La tolerancia en sus relaciones definitivamente vale que lo haga.

Suponga que la ganga que consiguió costará un 10% menos en otra parte mañana. La tolerancia disminuye la tensión.

Suponga que la engañarán un 10% de las veces y que perderá alrededor del 10% de sus bienes, de una manera u otra. Cuesta sumar la tolerancia a su vida, pero vale la pena.

Cuando viaje a otra cultura, imagine un factor de tolerancia del 20%. Entonces, si siente que el taxista u otra persona la engañan, esto sólo arruinará unos cuantos minutos de su viaje. Estar en otros países requiere tolerancia.

La tolerancia pública disminuirá, en privado, la tensión, mejorará su percepción del mundo, mejorará sus relaciones y aumentará su alegría.

Acabará usted teniendo más de todo.

JENNIFER JAMES

DEDICADO A NEALY

Recuerdo el día en que corríamos el tramo de una hora del camino vecinal a casa, después de estar en el pueblo todo el día haciendo mandados. Sólo íbamos mi hijo Alec y yo. Habíamos charlado un rato, cuando él reclinó la cabeza contra la ventana y descansó. Tenía 14 años y las conversaciones con su madre ya no eran fáciles.

Poco tiempo después me sorprendió cuando rompió el silencio. "Mamá —dijo—, traté de quitarla del paso del auto, pero no la alcancé a tiempo."

"Dios mío", pensé, "sigue sintiéndose responsable de su muerte". "Lo sé Alec —dije—. No fue tu culpa."

Se refería a esa noche, nueve años antes, cuando Bill y yo habíamos salido a cenar y los niños se habían quedado en casa con una cuidadora. Estaban jugando en la calle y nuestra hija de dos años fue golpeada por un auto cerca de la casa. Alec era quien se encontraba más cerca y tiernamente cargó el cuerpo sin vida de su hermanita, en su deseo por reanimarla y deseando que viviera. La cargó durante un tiempo, pero de nada sirvió. La cuidadora pidió ayuda. En el susto y la confusión, la abuela de Alec, exaltada le gritó al niño: "¿Por qué no la quitaste del camino?". Sencillamente no podía *encontrar* el motivo por el cual no la había quitado del camino.

La familia entera sufrió mucho y todos nos sometimos a un tratamiento. Alec y yo no habíamos hablado de ella durante mucho tiempo. Yo había supuesto que, después de todos estos años, él había resuelto el problema.

Ahora me daba cuenta de que todos aquellos innumerables comentarios de "no fue tu culpa" de mi boca o de la del terapeuta no habían aliviado la mente de Alec. Oh Dios, pensé, no puedo volver a hacer frente a su muerte. El dolor es demasiado grande. Y, sin embargo, aquí tengo a Alec sentado ante mí, aún lleno de culpa y remordimiento. Su dolor todavía vive, respira en su mente y le devora el corazón. Él había asumido la responsabilidad del trágico accidente que no había sido su culpa. Yo no sabía qué iba a hacer, pero me comprometí a hacer *algo*.

Al otro día, tenía mi conversación con Alec aún fresca en la mente cuando pasé por la escuela primaria de la localidad. La idea me vino de repente. Le pedí a Alec que entrara conmigo al salón del jardín de niños para observar un rato. Él no entendía por qué quería yo que me acompañara.

"Para que aprendamos acerca de la responsabilidad", dije.

Cuando entramos al salón, los niños estaban dibujando, coloreando y pegando.

Noté la expresión de Alec cuando entramos en el salón. Su mirada parecía decir: "Soy un muchacho de 14 años… ¿qué hago aquí?" Sin embargo, en seguida, advertí que la mirada se le ablandaba y que empezaba a fijarse y a disfrutar de la risa y la inocencia de los niños.

Para iniciar la plática, le dije: "Alec, ¿le pedirías a esa niñita que está ahí que te ayudara con tu tarea?"

"No, mamá. Es una niña pequeña", contestó.

"Bueno, tal vez deberíamos pedirle a Tommy, ese que está ahí, que fuera a la tienda a comprarnos algo. Me estoy muriendo de hambre."

"Ay, mamá —dijo—, no tiene edad para hacerlo."

"Bueno, si uno de los niños de este salón sufriera un accidente y estuviera muriéndose, esperarías que otro niño pudiera evitar su muerte?", le pregunté.

"Mamá, un niño no puede hacerlo", dijo Alec sin pensar.

"Alec, tú tenías cinco años cuando Nealy sufrió ese horrible accidente. Sé que no tuviste responsabilidad alguna en el accidente y que nadie, ni siquiera tu, podría haberla salvado. Pero lo más importante es que tú también lo sabes ahora."

Alec me miró sin decir palabra. El conocimiento de lo que acababa de aprender apenas le estaba entrando: él no era responsable de la muerte de Nealy. Una nueva especie de paz inundó a mi amado jovencito.

SUSAN P.

¡HOT DOG, ERES LO MÁXIMO!

Tenía 18 años y era la muchacha dorada. En el bachillerato, era presidenta de la sociedad teatral de la escuela, consejera estudiantil, ganadora de dos premios de Broadway por actuación y dirección, entregados por los críticos a los aficionados, y directora de la obra teatral del grupo. En las clases, mi mente corría y chispeaba cuando disparaba respuestas rápidas en clase e impresionaba a mis profesores y compañeros. En lo social, estaba en la cumbre de la montaña. Me pedían consejo, mi teléfono no dejaba de sonar: parecía que nada me detendría.

Era la envidia de todas mis amigas, y andaba en un estado de aceleración permanente.

Las tragedias griegas antiguas nos advierten que cuando la *hubris* sube, la *nemesis* baja. Yo no era la excepción a esta antigua regla. Mi universo se derrumbó de repente. Empezó cuando tres miembros de mi familia cercana murieron. Después, una amiga que quería mucho murió repentinamente porque le estalló el apéndice cuando estaba acampando sola en el bosque. La escenografía de la producción de la obra de aficionados me cayó sobre la cabeza y estuve casi ciega los siguientes cuatro meses. Mis amigas y yo nos separamos: ellas por sentirse en una situación embarazosa, yo porque creí que no valía la pena. Mis calificaciones pasaron de bastante buenas a malas.

Había perdido de tal manera la confianza en mi propia capacidad que no podía concentrarme en nada ni encontrar la relación entre las cosas. Mi memoria era un desastre y, en cuestión de meses, estaba sancionada y a prueba. Me quitaron todos mis cargos, se convocó a elecciones públicas para llenarlos. Me pidieron que me presentara en el despacho del asesor y éste me dijo que tendría que abandonar la escuela al terminar el primer semestre, pues evidentemente "no tenía la inteligencia necesaria para el trabajo académico". Cuando protesté diciendo que había tenido la "inteligencia necesaria" en los primeros años, me dijeron con una sonrisa comprensiva que un descenso como éste en el intelecto se presenta con frecuencia en las muchachas jóvenes "cuando se interesan por otras cosas; es cuestión de hormonas, querida".

Antes había sido parlanchina y animada en el salón de clases; pero ahora me envolvía en mi abrigo de pelo de camello, demasiado grande para mí, hasta atrás del salón, tratando de pasar lo más inadvertida posible. A la hora del recreo, me encerraba en el salón verde del teatro del colegio, escenario de mis triunfos pasados, para comerme mi sándwich en aislamiento desesperanzado. Cada día aportaba sus derrotas y su descrédito y, luego de mi carrera previa, era demasiado orgullosa para pedir ayuda. Me sentía como Job y le preguntaba a Dios: "¿Dónde están las llagas?", pues era lo único que me faltaba. Estas fulminaciones jobianas me llevaron a tomar un último curso. El profesor de religión era un joven suizo, el doctor Jacob Taubes, y supuestamente la tarea consistía en estudiar algunos libros del Viejo Testamento. Resultó, en gran parte, una discusión de la dialéctica entre San Pablo y Nietzsche.

Taubes era el más brillante profesor que hubiera tenido entonces: hacía gala de una magia académica europea como yo no había conocido nunca. Hegel, el gnosticismo, el estructuralismo, la fenomenología y las pasiones intelectuales de la Sorbona rompieron el hielo de mis dudas personales; empecé a elevar una mano trémula desde mi escondite en el fondo del salón y a hacer ocasionales y limitadas preguntas. El doctor Taubes me respondía con gran intensidad y, en poco tiempo, me encontré haciendo más preguntas.

Un día iba atravesando el patio de la escuela para subir al camión cuando escuché que el doctor Taubes se dirigía a mí: "Houston, quiero hablar con usted. Quiero decirle que tiene una mente muy interesante".

"¿Yo? ¿Tengo *mente?*"

"Sí, sus preguntas son brillantes. ¿Cuál supone que es el carácter de la transposición de valores de Pablo y Nietzsche?"

Sentí que mi mente caía en su habitual y dolorosa oscuridad y tartamudeé: "Nnno sé".

"¡Claro que sabe! —insistió—. No podría hacer el tipo de preguntas que hace si no entendiera bien estas cuestiones. Ahora bien, por favor, de nueva cuenta, ¿qué piensa de la transposición de valores en Pablo y Nietzsche? Para mis reflexiones es importante conocer las suyas."

"Bueno —dije, despertando—, si es así, creo que…"

Me había disparado y no me he callado desde entonces.

El doctor Taubes siguió acompañándome al autobús todo el semestre, siempre retándome con preguntas que intelectualmente eran un verdadero reto. Me prestó atención. Yo existía para él en el sentido "más real" y, como existía para él, también empecé a existir para mí. En cuestión de semanas, volví a recuperar la vista, mi espíritu floreció y me convertí en una estudiante bastante aplicada, mientras que antes había sido, en el mejor de los casos, una presumida brillante.

El doctor Taubes me reconoció cuando más lo necesitaba. Me dio fuerza en medio de una erosión personal, y mi vida ha sido muy diferente por ello. Entonces me juré que siempre que me encontrara con alguien "hundiéndose" o en el trance del descrédito, trataría de acercarme y reconocería a esa persona, como me habían reconocido a mí.

Llegaría tan lejos como para decir que el mayor de los potenciales humanos es el potencial que tenemos cada uno para reconocer y dar importancia a otros. Todos lo hacemos toda la vida, pero rara vez reconocemos la fuerza de dar importancia a

otros. Este don puede ser tan sencillo como decir "¡Hot Dog,
eres lo máximo!", o tan contundente como afirmar "Te conozco.
Eres Dios oculto". O puede ser una mirada que llega al alma y la
llena de significado.

He tenido la gran fortuna de conocer a varias personas de esas
que el mundo llama "santos": Teillhard de Chardin, la madre
Teresa de Calcuta, Clemmie, una vieja negra de Mississippi. Que
estas personas se fijen en uno es recibir el don de la mirada que
engendra. Uno se siente dispuesto desde el fondo gracias a esa
mirada. Algo tan tremendo y, sin embargo, sutil se despierta en
el interior, y uno es capaz de liberar las derrotas y las denigra-
ciones de años. Si tuviera que describirlo más, tendría que hablar
del amor incondicional unido a la fantasía de considerarse uno
mismo como la casa abigarrada que oculta al sagrado.

Usted dirá, "los santos", pero el milagro consiste en que
¡cualquier persona puede hacerlo por cualquier otro! Nuestro
mayor talento puede ser la capacidad para afinarnos unos a otros
los circuitos de la curación y la evolución.

JEAN HOUSTON

Ritual: una tradición, una costumbre antigua, un rito.

EL RITUAL DE LAS GOLOSINAS

Los rituales son un camino maravilloso para relacionarse con los seres queridos. Los rituales cargados de sentido ofrecen seguridad, estabilidad y raíces.

El ritual preferido de mi infancia ocurría en casa de mi abuelo. Cuando niña, iba a la granja del abuelo, me salía del auto, abría sonoramente la puerta y corriendo tan rápido como me lo permitían las piernas, llegaba a la alacena en el fondo de la casa. Ahí esperaba impaciente. El abuelo Schulte, largirucho y desgarbado, siempre usando su overol a rayas, lenta y silenciosamente caminaba hasta la alacena también. Se estiraba para alcanzar un anaquel alto, bajaba la caja "mágica"" y, con una hermosa sonrisa, se agachaba a mi nivel. Yo metía la mano y sacaba tantas golosinas como cabían en mi puño. Esta oferta sin condiciones era simbólica para alguien que estaba creciendo en un hogar con cinco hermanos. Parecía que todo en mi vida estaba limitado. Las golosinas del abuelo eran la excepción.

Papá recordaba con frecuencia la estupenda relación que tuve con el abuelo. Recordaba cómo me había visto correr para encontrarme con su padre y sacar mis puñados de dulces. Ahora que soy adulta y estoy casada, mi padre quería convertirse en el abuelo adorado, el que reparte las golosinas.

Cuando quedé embarazada de mi primer hijo, envolví cuidadosamente un paquete que le envié a papá y, con amor, lo llevé al correo.

Me contaron que papá lloró de sorpresa y alegría cuando abrió el paquete. Contenía una caja llena de caramelos.

MARY LOVERDE

"La imaginación es el cometa que podemos hacer volar más alto."
—LAUREN BECALL

SI NO MALGASTAS,
NO PASARÁS PRIVACIONES

Un año, a finales de los cincuenta, mamá tejió nuestras bufandas, gorros y guantes para Navidad. Criamos conejos de Angora en jaulas de alambre que teníamos en la cochera y mamá hizo nuestros regalos con sus pieles.

Recuerdo el sábado que llegó un gran paquete de Sears Roebuck. Era una rueca. Mientras los cinco hijos escuchábamos nuestros programas preferidos de radio: los Nelson, el Avispón Verde, el Llanero Solitario... mamá convirtió el pelo en estambre.

"Imagina qué calientitos estarán los niños con la angora este invierno", le dijo a papá.

"Los vistes de tal manera que me temo que morirán de *calor*. No les has dejado adquirir nada de resistencia", dijo papá bromeando.

Los padres de los años cincuenta padecieron dos guerras mundiales, una Depresión y Corea. Eran frugales, conservadores y desperdiciaban muy poco. "La caridad empieza por casa", decía el refrán; también "si no malgastas, no pasarás privaciones". Recuerdo que mamá siempre estaba pidiendo prestado a Pedro para pagarle a Pablo. Era mucho antes de que supiera quiénes eran esos dos señores.

Cuando mamá murió en junio de este año, me encontré sumergida en un túnel con los recuerdos de infancia. Brotaron cosas extrañas, como el sabor del lodo de Denver que mamá me untaba en el pecho cuando estaba resfriada: calentaba el lodo en la tapa del quemador y, después, me lo untaba en el pecho. Para defenderme contra los espíritus nocivos de los virus y las bacterias, nos hacía tomar brebajes de aceite de hígado de bacalao. Nuestros labios quedaban grasosos con sebo del pescado y nuestro aliento olía a pescado durante horas.

Ahorrábamos dinero de todas las maneras posibles, lo que significaba que mamá era nuestra enfermera y médico. Pienso que en una vida anterior fue médico brujo, chamán o bruja. Tenía un caldero lleno de remedios. Papá viajaba mucho, por su trabajo, inspeccionando líneas de luz. Ganaba poco dinero, pero él y mamá querían que nosotros tuviéramos cosas bonitas como los otros niños. Hicieron todo lo posible: recortaban aquí y ahorraban allá.

Un lunes, el año después de que habíamos recibido nuestras bufandas y guantes, encontré a mamá con la vista fija y girando sus pulgares, sentada en la vieja mecedora rosa.

"¿Qué pasa, mamá?"

"Me preocupa la Navidad. Me temo que no tenemos dinero extra para los regalos."

Normalmente, los lunes por la noche nos reuníamos alrededor de la cama de papá y mamá y rezábamos el rosario. Mamá sugirió que pidiéramos la ayuda de Dios. Nos reunimos en la habitación, agarrando las cuentas de nuestros rosarios. "Una familia que reza junta se mantiene unida", decía mamá.

Parecía que nuestras oraciones no habían sido escuchadas, pues al día siguiente nuestro radio Philco quedó mudo. Ahora no podríamos escuchar nuestros programas. La mayoría de los vecinos tenía televisores en blanco y negro, pero pasarían dos años más antes de que papá nos comprara una pequeña televisión portátil. Por las noches nos sentábamos a jugar a las cartas, al turista y a las damas chinas. En ocasiones nos peleábamos y nos acusábamos mutuamente de hacer trampa. Todos estábamos nerviosos por la Navidad, pero siempre he tenido mucha fe y he creído verdaderamente en la fuerza de la oración. Me aferraba a la idea de una mañana mágica de Navidad, todos íbamos a recibir regalos.

Los fines de semana papá venía a casa y él y mamá conferenciaban. Cuando no estaban charlando, papá se iba a la cochera a arreglar cosas.

Yo sabía que él hacía ciertas cosas muy bien, pero con frecuencia sus ideas distaban mucho de ser las idóneas. Una vez, cuando instaló un interruptor de luz en la cocina, colocó la caja fuera del muro, en lugar de hacerlo adentro de éste. En otra ocasión, inventó un alimentador automático para perros, el cual quiso patentar. El alimento para perros rotaba en bandas transportadoras. Nunca entendí el sentido. En el patio teníamos una silla que era un viejo asiento de auto, con patas de tubo —por la idea que tenía papá de diseñar muebles.

Desde el viernes en la noche, cuando llegaba de trabajar a casa, hasta el domingo en la tarde, cuando se iba, estaba en su taller. Fue así durante muchas semanas. Todos sentíamos gran curiosidad. El reloj avanzaba diciendo: Navidad está cerca, Navidad está cerca. Y, finalmente, llegó.

Fui la primera en levantarme. Habíamos adornado el árbol la noche anterior, con hilos de plata, esferas de vidrio y bombillas. Enchufé las luces y me recosté sobre el estómago, viendo los pocos regalos que había debajo del árbol. Había estado ahorrando mi mesada y tenía un paquete de hojas de resuradora envueltas para papá y unas medias para mamá. Regalaría canicas a mis hermanos, compré una bolsa y la dividí para envolver los regalos. Mi hermana recibiría una banda nueva para el cabello. Me sentía bien porque tenía regalos para todos. Mientras contaba los paquetes, mi hermana entró en el cuarto.

"¿Qué es eso?", preguntó tallándose los ojos.

"¿Qué es qué?", le pregunté.

"Eso", dijo apuntando a *algo* grande que estaba en un rincón de la sala, cubierto con una sábana.

"No sé", dije.

Al descubrirlo, mi hermana y yo nos quedamos atónitas. Debajo de la sábana estaba el tocador y el banquillo más hermosos que jamás habíamos visto. En la parte de atrás tenía un espejo antiguo. Tenía cubos para nuestros prendedores y pasadores; el banquillo también tenía un cajón. Estábamos encantadas. Esto era lo que papá había estado haciendo en la cochera. De alguna manera, sentí que ya conocía este mueble, que era mío. Los muchachos recibieron cajas de herramientas hechas en casa y sus propios juegos de herramientas de las que le sobraban a papá. Mamá recibió una nueva mesa lateral, con la parte superior hecha de azulejos antiguos, en negro y blanco, que habían estado guardados en la cochera.

Mi hermana y yo estuvimos, todo el día, turnándonos para sentarnos en el tocador, poniéndonos pintura de labios aretes y cepillándonos el cabello una a la otra. Recuerdo haber pasado la mano por la suave madera pulida, casi abrazándola. Era el mejor regalo que hubiera recibido, una respuesta a mi ruego por tener una Navidad mágica. Cuando a mi hermana se le cayó un pasador y me agaché para levantarlo, noté unas letas doradas en un lado del tocador. Decían *Philco*.

LINDA ROSS SWANSON

CUIDADOS INTENSIVOS

Con mis años de experiencia como enfermera de cuidados críticos, sabía que la escena que tenía ante los ojos no prometía esperanza alguna. No había movimiento, ningún sonido audible de la respiración. Los postes con tubos lo rodeaban, cual arborescencias delgadas como lápices, que le llevaban diversos líquidos con la esperanza de conservarle la vida. Leí su gráfica y anoté que ya no estaba respondiendo a los esfuerzos de la medicina. Ahora, acostado ahí en la unidad de cuidados intensivos, sólo era cuestión de tiempo para que su cuerpo encontrara el reposo final.

Lentamente, caminé al otro lado de la cama. Estaba un tanto preocupada por mis pensamientos en cuanto a la finalidad de la vida, la medicina, los recursos para mantener la vida, y la muerte. Metódicamente etiqueté todos los tubos, de tal manera que supiera qué botella conducía a qué brazo y con qué medicamento. Sumida en mis pensamientos, casi no la oí entrar. No dio señal alguna de haberme visto pues se dirigió rápidamente al lado de la cama, se inclinó y acarició el cabello del hombre. En seguida me sentí una intrusa ante una relación tan íntima.

"¿Algún cambio?", preguntó sonriendo, sin mirarme a mí y sin apartar su mirada del hombre.

"Ojalá pudiera decir que sí." La miré cuando tomó una de las manos del hombre y se sentó en una silla junto a él, sin dejar nunca de vigilar su rostro inexpresivo.

"¿Cuánto tiempo llevan sin poder abrazarse?", tuve que preguntar. Su añoranza era tanta que mi pregunta no resultó entrometida, sino necesaria.

"Demasiado", dijo con lágrimas rodando por un camino conocido en su rostro.

"Fue demasiado repentino. Su corazón..." Sus sollozos terminaron sus palabras, mientras se acercaba aún más a la cama.

"¿Le gustaría abrazarlo? ¿Le gustaría tenerlo entre los brazos y arrullarlo? ¿Su relación es así de estrecha?"

Por primera vez me miró. Curiosa, esperanzada y consciente de sí misma. Un sollozo escapó al mismo tiempo que su respuesta. "Sí, me encantaría abrazarlo."

Rápidamente me acerqué a la cama, arreglé las sondas, las bolsas, y los aparatos y le indiqué que se acercara. Titubeante, se acercó a mí y, entonces, con gran cuidado, se metió en la pequeña cama junto a su marido.

Entonces me di cuenta de que yo era un testigo no requerido ante esta intimidad. Rápidamente di la espalda, cerré las cortinas a medio camino en torno al pequeño cubículo y quedaron aislados en un espacio privado.

Mientras me ocupaba con mis deberes de enfermera, la escuché murmurando dulces tonterías, dándole confianza, dándose confianza y, sin saberlo, dándome confianza a mí. Me di la vuelta para reajustar el goteo de una sonda y pude darme cuenta de que ella recorría con cariño su mejilla con la punta de los dedos y que lo besaba suavemente.

No traté de ocultar mis lágrimas mientras la ayudaba a bajarse de la cama y la mantenía cerca de mí. "Lo extraño tanto —murmuró—. He querido abrazarlo así desde hace tanto tiempo, que me duele mucho. Siempre nos hemos abrazado y estado cerca. Sabía que él quería abrazarme una vez más también... Gracias."

Poco después, ella estaba sentada sujetándole la mano: su espíritu había salido para iniciar su gran viaje.

Una vez más, la abracé.

PATTY ROSEN

XI

APRENDER A REÍRNOS DE NOSOTRAS MISMAS

"No hagas nudos en tus calzones; no resuelves nada
y sólo te hace caminar chistoso."

—KATHRYN CARPENTER

LA ÚLTIMA DE LAS GRANDES, PERO GRANDES, GASTADORAS

Cinco dólares con 59 centavos...

"¡Señora, son cinco dólares con 59 centavos!", dijo la jovencita de larga cabellera que estaba tras la caja registradora de McDonald's, tamborileando con enojo sobre el mostrador con sus largas uñas pintadas de plateado. Era la contraparte perfecta para el mensaje de aluminio drapeado que había detrás de ella: "¡Albricias al Mundo! ¡Felices Fiestas!"

Rebusqué en mi bolsa. No había pensado detenerme aquí a cenar, pero mi hijo de cinco años había insistido en que lo hiciéramos.

"Veamos, 5.50, 5.50, 5.58..." Le extendí la palma de la mano, implorando. Un hombre, detrás de mí, lanzó un centavo sobre el mostrador.

¿Caridad para el pobre? Bueno, está bien. Cualquier cosa para acelerar el proceso.

Equilibrando la bandeja con una mano, navegué hasta la mesa que estaba apartando mi hijo. Con la soltura de un veterano habitual de McDonald's, abrió la caja, encontró el juguete de tema de las fiestas, y procedió a abrirse paso por entre los miles de calorías de las papas fritas a la francesa, grasosas y saladas. Dos puñados más tarde, se limpió despreocupadamente la mano pasándola por el frente de su ropa y anunció: "Tengo que ir al baño". De ahí el nombre de "comida rápida".

Sin embargo ese día no me preocupaban los efectos de la comida rápida en el sistema digestivo de mi hijo. Ese día estaba en mi décima nube, porque la noche anterior había sido anfitriona de una fiesta de

Navidad perfecta. Atravesé McDonald's recordando entre sueños el triunfo que había tenido apenas la noche anterior. Había logrado lo imposible, la hazaña olímpica de la esposa de los suburbios: la fiesta de Navidad impecable, con todo perfecto a la Martha Stewart.

"Sabes que debemos enseñar a las nuevas socias las alturas a las que pueden aspirar", me había dicho a principios de noviembre Myrtle, la presidenta del comité de recepción. "Encontrar a una socia veterana que, bueno, *por* decirlo de alguna manera, *la ha hecho,* las compromete más con nuestra organización." Había hecho una pausa para sorber delicadamente, y después añadió con un susurro: "Estoy segura de que quedarán muy, pero muy, impresionadas con tu... hospitalidad".

Y así fue. Para el 15 de diciembre la casa estaba inmaculada, decorada con sus mejores adornos para las fiestas. Por pura fuerza de voluntad y tras muchos planes, incluso había logrado arreglarme yo misma al máximo, antes de que las campanillas con música de Westminster del timbre de la puerta empezaran a sonar.

Por lo general, mi *modus operandi* consiste en deslizarme por el recibidor y agarrar frenéticamente la puerta, al mismo tiempo que me subo las pantimedias colgadas con la mano que me queda libre en la operación. A medio camino de las galas pasadas, me las arreglaba para escaparme un instante y volver a aparecer maquillada, truco que siempre logra que quienes beben mucho dejen de hacerlo.

Mas no anoche. Anoche me presenté ante la primera invitada como la anfitriona impecablemente arreglada y con la mayor de las calmas y tranquilidades. Anoche fue todo perfectamente arreglado y *snob.*

Tiré los contenidos de la bandeja en el basurero y llevé a Michael al baño. Mientras se secaba las manos con el aire de la secadora, se volvió hacia mí y me dijo: "Estoy ansioso por volver y acabar de comer. Tengo mucha mucha hambre".

¡Ay! La comida estaba en la basura. Michael empezó a aullar.

"¡Tengo hambre! ¡Me muero de hambre! Y tampoco tengo mi juguete. *¡Aaaay!*" Elevó su voz varios decibeles.

"Pues… no tengo dinero", dije en voz baja y desesperada.

Aulló: "¡Quiero mi *comidaaa!*"

Tomé una decisión ejecutiva: metí la mano en el basurero y, pescando frenéticamente, saqué una hamburguesa a medio comer, un puñado de lechuga y una cajita de Comida Feliz. Me asomé a su interior. Sí, era la suya. Me volví para entregársela y me encontré con la cara de Myrtle, parada en silencio junto a otra elegante dama.

"¡Qué bueno! —dijo Michael encantado—. Tengo tanta hambre."

Myrtle intentó sonreír. En el momento que me quitaba un trozo de lechuga marchita de la muñeca. Noté con satisfacción que se había pintado los labios un poco torcidos.

"Ay, Joanna, le estaba contando a la Freeman, aquí presente, de tu casa. Es tan… pero tan…"

"¿Elegante? ¿Costosa?", comenté, tirando la lechuga a la basura.

"Sí… ah… oh", y la mirada de Myrtle iba de mi hijo a su hamburguesa.

La mujer junto a Myrtle estaba en trance. Pocas veces he visto a alguien tan sorprendido. Ella y Myrtle se quedaron ahí paradas, en silencio, esperando a que me empezaran a rodar perlas de sudor mientras trataba de justificar mi predicamento.

Decidí que les negaría el gusto.

"Bueno, mi querida madre siempre decía que si uno cuida los centavos, los pesos se cuidarán solos. Vámonos de aquí, Michael. Tenemos que explorar otros basureros. Mamá también tiene un poco de hambre."

JOANNA SLAN

CHALECOS QUE NO NOS QUEDAN

*Me invitaron a volar en helicóptero a una plataforma petro-
lera.* Nunca me había subido a un helicóptero y, definitivamente, tampoco había estado en una plataforma petrolera. Traté de controlar mi emoción. Llegué
algunas horas adelantada al aeropuerto de Lompoc. Al final,
unas 20 personas estábamos dando vueltas, la mayoría eran
hombres que trabajaban en la plataforma. Estos enormes y
fornidos hombres reciben el nombre de "peones".

Llegó el guía de nuestro *tour*. ¿O debería decir sargento de
adiestramiento? De inmediato nos ordenó que saliéramos para
pesarnos. ¿Pesarnos? Cuando me inscribí nadie me había dicho
nada de pesarme. Yo sólo me peso en el extremo más oculto de
mi clóset, donde tengo escondida mi báscula y una linterna. Ahí,
completamente sola, enciendo la linterna, recorro la habitación
con la vista para cerciorarme de que no hay moros en la costa,
me peso y salgo del clóset rápidamente. Pues bien, eso es para
mí pesarme.

Con la esperanza de pasar inadvertida, me pegué a un grupo
de peones y caminé al exterior. Cuando vi la báscula, supe que
tendría problemas. Estaba sentado en medio de la pista y tenía
una plataforma tan grande que todos podíamos haber organi-
zado un tremendo baile en ella. La flecha que apuntaba a los
kilos medía cuando menos dos metros de alto. El sargento de
adiestramiento gritó: "Jack Nife, súbase a la báscula". Oh, Oh.
Jack Nife era el primero en el registro de firmas; yo era la cuarta.

Disponía de muy poco tiempo para ingeniármelas y ser pesada sin que nadie notara dónde se había colocado la aguja. Esa voz familiar gritó: "Patsy Dooley, pase aquí".

Sin dudarlo ni un instante, salté sobre la báscula, agarré un micrófono imaginario y empecé a cantar: "Permítanme divertirlos, permítanme ver su sonrisa", mientras ejecutaba un rápido paso doble por encima de la báscula. Salté del otro lado e hice una caravana. Por la expresión de sus rostros, supe que ninguno de ellos había prestado atención a la flecha que apuntaba al cielo. No obstante, algunos de ellos empezaron a considerar si deberían emprender esta aventura conmigo.

El sargento de adiestramiento nos entregó unos chalecos tipo salvavidas. Cuando me puse el mío, en seguida supe que había un problema. No me quedaba. Después de varios intentos fallidos por subir el cierre del chaleco, decidí: "Ah, no importa, lo usaré como ropa *informal*". Nuestro sargento de adiestramiento empezó a inspeccionar las tropas. Cuando llegó a mí se detuvo abruptamente: "Todos los chalecos deben tener el cierre subido y estar abrochados antes de que alguien se suba a este helicóptero". Gritó tan fuerte que no tuve duda de que todo el mundo en la plataforma petrolera supo que yo estaba por llegar, y que ¡llegaría con *el cierre desabrochado!*

Me invadió la determinación, pero a pesar de todos los apretones, estirones, jalones, imágenes mentales u oraciones, el chaleco no me cerró. Finalmente, jalé la orilla del chaleco alrededor de mi cuello. Soplé y soplé al mismo tiempo que jalaba del chaleco hacia abajo y que subía el cierre. ¡Era como meterse en una faja al revés! Estaba tan ocupada que no noté que un grupo de los trabajadores de la plataforma me habían rodeado. Cuando estaba batallando con el cierre, se acercaron, agarraron la orilla del chaleco y la jalaron. Por fin entré en el apretado chaleco. No me podía agachar. No podía respirar. La falta de oxígeno estaba empezando a afectar mi cerebro. El corazón, el hígado y las células estaban todos ocupados conociéndose. Los hombres vitorearon. Yo no pude cantar victoria.

Entonces, el sargento de adiestramiento anunció que entremetido en el pliegue del cuello del chaleco, por la parte de atrás, había algo llamado "pañal". En caso de emergencia, tendríamos que agacharnos, y entre las piernas desabrochar el "pañal", jalarlo entre las extremidades y abrocharlo al frente de los chalecos. Mis ojos se clavaron en el sargento de adiestramiento. Debe de haber notado mi horror, porque un destello de misericordia apareció en sus ojos. Se aclaró la voz y gritó: "Normalmente, practicamos esta maniobra". Entonces me miró. Todo el mundo me miró. "Pero pienso que hoy nos saltaremos el paso." Todo el mundo suspiró. Yo no podía suspirar. Tenía esta imagen mental de mis peones, que habían aceptado la responsabilidad emocional de mi bienestar, que iban a colocarse a mi alrededor en el agua y a tratar de ayudarme con el pañal, mientras todos nos hundíamos por tercera vez.

No obstante, gracias a una pequeña ayuda de mis amigos, todo salió bien ese día. Tardé un poco en encontrar lo chistoso de la situación, pero con el tiempo pude mirar atrás y reír tan fuerte como lo habían hecho mis peones. Qué espectáculo debo de haber dado tratando de meterme en ese chaleco.

Más adelante, al pensar en la situación, pude encontrar una analogía. Los cambios en nuestras vidas normalmente producen una sensación semejante a la de mi chaleco salvavidas: apretados e incómodos. Bien sea que el cambio se refiere a matrimonio o divorcio, un hijo o una graduación, un empleo nuevo o un despido, al principio resulta incómodo y todos nos resistimos. Sin embargo, en ocasiones, cuando la lucha resulta especialmente intensa y solitaria, Dios envía "peones". Ellos me abrazan cuando lloro; me levantan cuando caigo; me aplauden cuando hago cambios y me felicitan cuando persigo mis metas. Cada "chaleco" nuevo ha sido bueno para mí. He superado las luchas y he recibido bendiciones gracias a los peones en mi vida. Por ellos puedo seguir poniéndome chalecos que no me quedan.

PATSY DOOLEY

VIVAN LOS CINCUENTA

*E*l *día que cumplí 50 años, mi hija mayor me regaló un pren-* dedor que decía: VIVAN LOS 50. Ese día me lo puse para ir a trabajar y ¡qué revuelo armó! El día entero, la gente estuvo diciéndome cosas como: "Anita, no parece que tengas esa edad". "¡Anita, es imposible que tengas 50!" y *"Sabemos* que no tienes esa edad".

Fue estupendo. Ahora bien, sé que mentían, y ellos sabían que yo lo sabía, pero ¿no sirven para eso los amigos y compañeros de trabajo? Para mentirte cuando lo necesitas, en casos de urgencia, como un divorcio, una muerte o cuando se cumplen 50 años.

Sin embargo, una sabe lo que pasa con la mentira. Si una la escucha con mucha frecuencia, empieza a pensar que es verdad. Al terminar el día, me sentía encantada. Casi volé del trabajo a casa. De hecho, al ir hacia casa pensé: "En realidad debería cambiar de marido. Después de todo, él ya tenía 51, demasiado viejo para una muchacha que luce tan joven como yo".

Al llegar a casa, acababa de cerrar la puerta del frente cuando sonó el timbre. Era la muchacha de una florería, que me entregó unas flores que me enviaba un amigo. Eran preciosas. Me quedé ahí parada, con las flores en la mano, admirándolas; la muchachita que me las entregó se quedó también ahí parada, esperando una propina.

Vio el prendedor en mi chaqueta y dijo: "Ah, cincuenta, ¿eh?"

"Sí", contesté, y me quedé esperando. Podía aguantar un cumplido más antes de que terminara mi cumpleaños.

"Cincuenta —repitió—. ¡Qué bueno! ¿Cumpleaños o aniversario?"

ANITA CHEEK MILNER

"Como son las cosas, si quieres un arco iris, tienes que aguantar la lluvia."
—DOLLY PARTON

UN VIEJO SABIO

Una tarde de domingo especialmente agotadora había estado respondiendo a los temperamentales cambios de carácter de mi hijo Eli. Si bien Eli es verdaderamente encantador, también es un muchachito voluntarioso de cinco años. Había sido un día de una clara lucha por el poder, pues él le había dado un nuevo significado a la frase "un niño difícil". Yo había mordido el anzuelo muchas más veces de las que me gustaría admitir.

He leído esos libros diseñados para formar al padre perfecto. He jurado llevar a cabo las respuestas completamente antinaturales que defienden. Mi meta ha sido ser la madre que no responde cuando le tocan un botón. La mayor parte de ese día, había funcionado.

Tal vez lo que me alentó cuando llegó la hora de meterlo en la cama no fue más que mi agotamiento. Sabía que si sólo pudiera acostarlo y lograr bajar las escaleras, todo marcharía bien otra vez. Podría regresar a la seguridad y la protección de mi apresurada carrera a la mañana siguiente, ¡qué alivio tan grande!

No recuerdo exactamente cómo mi pequeño y brillante negociador por fin me hizo perder los estribos. Tal vez fue cuando pidió otro vaso más de agua, o sólo un libro más, o su necesidad urgente de encontrar un pequeño tiburón Lego con el que no había jugado en más de un mes: pero me salió del alma, fuerte y claro: "Eli, *¡cállate la boca!*"

Me di la vuelta, iracunda, y huí al santuario de mi silla preferida para leer en la sala. Estaba completamente abatida y molesta conmigo misma. Mi adrenalina fluía, ¡estaba convencida de que debería haber leyes que prohibieran que personas como yo fuéramos madres! (Pero, *así es como* las mujeres recogen los cochecitos de sus hijos, ¡o se los avientan!, según.)

Diez minutos más tarde, cuando la tranquilidad y la tristeza ocuparon el lugar que habían tenido el miedo y la ira, abrí los ojos y me encontré a un silencioso visitante a mis pies. Eli trepó hasta mi regazo, se inclinó hacia adelante y dijo suavemente: "Quiero decirte un secreto".

Anticipando sus palabras cariñosas, lo apreté contra mi pecho. "Lo… que… me… dijiste… no estuvo bien", me informó. Su tono era modulado y deliberado, con un toque de insolencia que indicaba que me tenía a su merced.

En muestra de que apreciaba su sinceridad, convine en ello.

"Tienes razón, cariño, lo siento. Trato de no hablarte así *nunca,* porque puedo lastimarte. Estaba enojada, cansada y alterada, pero eso no es justificación. ¿Me perdonas?"

Asintió con la cabeza, sonrió, y se recargó en mí para que lo apapachara durante cinco minutos. Observé cómo saboreaba el dedo de su mano izquierda, "el que se chupaba". Qué difícil tener cinco años… a ratos un "viejo sabio", y a ratos, un bebito. No es de extrañar que sean criaturas atormentadas.

De nueva cuenta metido en la cama, sentado derechito con las piernas estiradas de una manera que sólo pueden lograr los niños pequeños, me miró de reojo con su chispa característica.

La experiencia debía haberme avisado, pero nunca preví lo que venía. Eli ahuecó las cobijas en su regazo, me lanzó la más dulce de las sonrisas y metió nuestro infernal domingo a la cama dominical. "Mamá, qué bueno que esta noche tuvimos esta discusión."

JAQUELINE GILLIS ELLIOTT

LA RECEPCIÓN PARA LA
SEÑORITA WELLS

*C*omer bien es algo que nos encanta a los griegos. *También nos* gusta cocinar, lo que explica por qué alrededor del 90% de los griegos emigrantes que llegan a Estados Unidos ponen restaurantes.

Mi abuela llegó a Virginia en 1990, una inmigrante recién casada, y ello significaba que no podía hablar con nadie en la ciudad, salvo con su marido. La barrera del idioma creó otro problema, incluso más desesperante. No podía invitar a otras mujeres a tomar el té, para presumirles su habilidad en la cocina. Debido a su desesperación, tuvo seis hijos.

Cuando su segunda hija, Connie, se fue a la escuela, la oportunidad de la abuela para invitar a alguien a comer, se materializó de repente. Connie se peleó en el segundo grado con un niñito y la profesora, la señorita Wells, la regañó. "Bueno Connie, ve a casa y dile a tu madre que pasaré a visitarla a las cuatro y media hoy por la tarde."

Connie se fue a casa corriendo y anunció la visita a punto de llegar. La abuela recibió la noticia con una mezcla de alegría y pavor. Ahí, por fin, estaba alguien a quien podría atiborrar de comida. Con dos horas para preparar todo, se movió como loca. Metió un *baklava* en el horno, rebanó un jamón, sacó una rueda de queso y puso treinta aceitunas en su aderezo, en un tazón. Esto sería el platillo fuerte, que se presenta después de un rato considerable.

El primer plato —las mejores conservas hechas en casa que se tengan— se presentan en el momento cuando el invitado pasa por la puerta. Por tradición, las conservas se amontonan con generosidad en un tazón, bellamente colocadas, aun cuando sólo se espere a un invitado. Con ellas vienen una cuchara y un vaso de agua con hielo, de manera que el invitado pueda tomar una, sostenerla sobre el agua y comerla. En la parte de atrás de la bandeja se colocan entre seis y ocho vasitos llenos de vinos y aguardientes hechos en casa. El invitado toma el que prefiere.

Las conservas de la abuela, traídas de Grecia, eran avellanas garapiñadas con un fuerte y sabroso jarabe. Una avellana te duraba varias semanas. Dos podían matarte.

Cuando llegó la señorita Wells, la abuela le abrió la puerta y le gritó (porque siempre se le habla más fuerte a los extraños): *"Siéntate"*. Después corrió a la cocina y volvió con la bandeja de las conservas. La colocó debajo de la barbilla de la señorita Wells y le ordenó: *"¡Come!"*

La señorita Wells dijo con un lamento: "Bueno, no sé si pueda comer todo esto, ¡pero trataré!" Tomó el tazón y se comió las 22 avellanas garapiñadas. Mientras la abuela observaba atónita en silencio, su invitada se bebió el agua. Asombrada, la señorita Wells vio los vasitos y preguntó: "¿Qué tienen esos vasos pequeñitos?"

Primero se tragó el ouzo. Después el brandy de siete estrellas. Cuando se había bebido los seis aguardientes restantes, se dirigió con las piernas rígidas hacia la puerta. Nunca volvió de visita y la abuela se formó su opinión de los educadores estadounidenses esa tarde: "¡Bola de borrachos, que vienen y se comen todo lo que hay en la casa!"

HOPE MIHALAP

BASTONERA PRINCIPAL

En uno de esos días que me sentía muy segura, cuando tenía 13 años, me ofrecí para ser la bastonera principal del conjunto de tambores y cornetas de nuestro pueblo, los Applearrows. Aun cuando no había dominado el arte de girar el bastón y me tropezaba cuando practicábamos las marchas, pensé que mi capacidad para la gimnasia me calificaba para este prestigiado puesto. ¿Comenté que también era arrogante?

Llegó el día del gran desfile y orgullosamente empecé a hacer evoluciones, a lanzar el bastón y a marchar a la cabeza de la banda a lo largo de la ruta del desfile, donde había muchos observadores. Familiares, amigos e incluso mis profesores preferidos habían venido a aplaudirme en mi nueva empresa. Para mí era una rara experiencia en la cúspide; estaba saboreando cada aspecto de este sueño hecho realidad.

De repente sentí un golpe horrible en el hombro y escuché una voz de irritación en el oído. Era el director de la banda. Me hizo girar justo a tiempo para que pudiera ver las espaldas de los miembros de mi banda, que desaparecían marchando a dos cuadras de distancia en dirección contraria.

LECCIONES QUE APRENDÍ ESE DÍA:

1. No te tomes demasiado en serio.
2. Para ser líder se necesita algo más que valor y arrogancia.
3. Un buen líder ve por encima de su hombro, de cuando en cuando, para asegurarse de que las "flechas" están apuntando en la dirección correcta.
4. No importa cuán rápido corras, ¡resulta en verdad difícil alcanzar a un grupo que está marchando en la dirección contraria!

CANDIS FANCHER

¿MÁS RELATOS DE CHOCOLATE?

*T*iene usted un relato que encaja con todo el estilo y contenido de *Chocolate para el alma de la mujer?* Estoy preparando varias ediciones más, con un formato similar. Uno incluirá historias de amor de todo tipo; otro versará sobre casos que motiven y muestren un momento mágico en la vida. Estoy buscando relatos cálidos, de dos a tres páginas de largo, que nutran y eleven el espíritu, que nos ayuden a aprender de la vida y nos despierten las emociones.

La invito a unirse a estos proyectos futuros, enviándome su relato especial para que lo tome en cuenta. Si su relato es seleccionado, aparecerá en la lista de las autoras que contribuyen a la obra; también puede incluir un párrafo biográfico a su gusto. Usted conserva el derecho de usar su relato para otros propósitos y yo, el derecho de publicarlo una sola vez. Para mayor información, por favor envíe su relato, o diríjase a:

KAY ALLENBAUGH
P.O. Box 2165
Lake Oswego, OR 97035
Estados Unidos

kay@allenbaugh.com

http://www.chocolateforwomen.com

LAS AUTORAS

BURKY ACHILLES es escritora y becaria de Walden. Está escribiendo su primera novela, así como un libro de cuentos sobre motivación. Ella y su marido están criando a una hija y un hijo que están muy cerca de la adolescencia. (503) 638-4100.

EMORY AUSTIN, conferencista profesional titulada, apareció recientemente en la revista *Industry Week,* con sus compañeros conferencistas Colin Powell, Margaret Thatcher y Terry Anderson. Es graduada de la carrera de comunicaciones de la Universidad de Wake Forest y ha llegado a casi todas las industrias con sus reseñas. Para información sobre las presentaciones y las cintas de Emory, por favor llame al (704) 663-7575.

URSULA BACON huyó de la Alemania nazi con sus padres y pasó nueve años en China. Durante cuatro años, fue internada —con otros 18 000 refugiados europeos— por las fuerzas japonesas que ocuparon Shanghai. Emigró a Estados Unidos al término de la Segunda Guerra Mundial. Ursula se casó con el autor Thorn Bacon y hoy tienen una pequeña editorial, además de que escriben libros. Es coautora de *Savage Shadows* [Sombras salvajes] y autora de *The Nervous Hostess Cookbook* [Libro de cocina de la anfitriona nerviosa] (503) 682-9821.

MAGGIE BEDROSIAN, maestra en ciencias, es dueña de un negocio y capacitadora ejecutiva; se especializa en ayudar a las personas a obtener resultados concretos con facilidad natural. Es autora de tres libros, entre ellos *Life Is More Than Your To Do List: Blending Success & Satisfaction* [La vida es más que una lista de pendientes: mezcla el éxito y la satisfacción]. Maggie fue anfitriona del programa de televisión *Spotlight on Business* [Destacar en los negocios]. Fue presidenta de la American Society for Training & Development [Sociedad americana para la capacitación y el desarrollo,] sección Washington, D.C. El público disfruta de sus alegres programas en juntas de negocios, en cruceros y en el Instituto Disney. (301) 460-3408.

LINDA BLACKMAN, asesora, capacitadora y conferencista profesional, enseña a los ejecutivos a lograr presentaciones más efectivas para todo tipo de públicos y enseña a los voceros de las compañías los secretos del manejo de los medios. Fue reportera de televisión, de costa a costa, comentarista y anfitriona de un programa de entrevistas. Linda sabe cómo transmitirle la fuerza de la palabra hablada. (412) 682-2200.

JOAN BORYSENKO, tiene un doctorado y es presidenta de Mind/Body Health Sciences, Inc. [Ciencias de la Salud Mente/Cuerpo, S. A.,] así como autora de varios libros, entre otros *Fire in the Soul* [Fuego en el alma,] *best seller* del *New York Times*; *Minding the Body, Mending the Mind* [Cómo sanar el cuerpo, sanado la mente]; y *Guilt Is the Teacher, Love Is the Lesson* [La culpa es el maestro, el amor es la lección]. Es cofundadora y ex directora de la Clínica Mente/Cuerpo del Hospital Deaconess de Nueva Inglaterra y fue profesora de medicina en la Escuela de Medicina de Harvard. Una de las arquitectas de una síntesis médica nueva llamada psiconeuroinmunología, la doctora Borysenko es bióloga celular, psicóloga con licencia e instructora de yoga y meditación. (303) 440-8460.

MILDRED COHN se graduó de la universidad con honores a los 68 años. Vive en Fort Lauderdale, FL.

WENDY CRAIG-PURCELL es ministro superior de la Iglesia de Hoy en San Diego, California. Wendy fue patinadora de las Ice Capades antes de convertirse en la ministra más joven que fuera ordenada en el movimiento Unitario. Su ministerio se caracteriza por su fuerza personal y una actitud de aceptación franca e incondicional. (619) 689-6500.

PATSY DOOLEY es humorista y conferencista, en el campo de la motivación, quien prospera ante los retos y el cambio. En sus 25 años en el mundo de los negocios, ha creado programas divertidos y llenos de valor para enseñar a las personas a incluir el humor en su existencia. Su don de relacionar el humor con la realidad, y su capacidad para sentir los climas empresariales, dan un toque original y fresco a sus programas. Aporta sus relatos singulares y su humor, para diversión y crecimiento del público. (805) 489-1091.

KAY DUPONT, conferencista profesional certificada, es vicepresidenta ejecutiva de The Communication Connection [El enlace de la comunicación], empresa de Atlanta que diseña programas de comunicación y relaciones especiales para organizaciones de todo el mundo. (770) 395-7483.

EDITH EVA EGER tiene un doctorado, es sobreviviente de Auschwitz, psicóloga con licencia y connotada conferencista, dirige talleres y es asesora. Prepara sus presentaciones según los requisitos singulares de organizaciones empresariales, gubernamentales, militares, de salud, religiosas, civiles, comunitarias y educativas. Las inolvidables presentaciones de la doctora Eger aportan perspectivas nuevas y dinámicas al universo de los temas de la conducta humana que en la actualidad tienen que ver con todas las personas y organizaciones. (619) 454-8442.

SHIRLEY ELKIN es maestra en Pedagogía, conferencista profesional y capacitadora, con sede en Decatur, Illinois. Presenta temas fundamentales y dirige el seminario sobre El Lenguaje Corporal en el Mundo de los Negocios: Cambia tu Manera de Pensar, Cambia tu Vida y tus Habilidades para las Presentaciones Profesionales. Tiene una maestría y trabajó en el campo de la educación media antes de convertirse en conferencista y capacitadora. (217) 875-1721.

JACQUELINE GILLIS ELLIOTT es escritora independiente y vive en West Linn, Oregon. Obtuvo una maestría en terapia física en 1977. Entre los puestos que ha ocupado están los de terapeuta, asesora, profesora universitaria, gerente de rehabilitación y directora de servicios de calidad. Dice que su marido Dave, su hijo Eli y muchos clientes geriátricos son los que merecen el crédito de las dosis curativas de humor e inspiración que contribuyen a los momentos comunes y corrientes de la vida diaria.

CHRISTINE B. EVANS tiene un grado de maestría, está casada y es terapeuta familiar. Ha ejercido su profesión desde hace 23 años en Sebastopol, California. Es conferencista renombrada y dirige grupos de apoyo para mujeres, así como talleres sobre la vergüenza y los derechos. Escribió *Breaking Free of the Shame Trap: How Women Get into It, How Women Get out of It* [Liberémonos de la trampa de la vergüenza: cómo caen en ella las mujeres y cómo salen]. John Gray, autor de *Los hombres son de Marte, las mujeres son de Venus,* opina sobre el libro de Christine: "Un libro trascendente e importante, y un apoyo necesario para convalidar los sentimientos de las mujeres en el momento que más se necesita". (707) 829-5901.

CANDIS FANCHER es maestra en ciencias y especialista en patología del lenguaje, así como fundadora de Inner Sources [Fuentes internas]. Sus conocidos seminarios "Pausa de placer" llenan de energía a los participantes para que adopten estilos de vida más positivos. Su inspiración procede de una enfermedad que puso en peligro su vida y de la pérdida de un miembro de su familia. Encuentra los beneficios inmediatos de integrar el humor al cuidado de los enfermos. Sus clientes incluyen a hospitales, organizaciones profesionales, organismos públicos y compañías mercantiles. (612) 890-3897.

ELEANOR S. FIELD tiene un grado de doctorado y licencia de psicóloga, da terapia a parejas y familias y es hipnoterapeuta con ejercicio privado en Tarzana, California. Es coautora de *The Good Girl Syndrome* [El síndrome de la niña buena] y ha participado en muchas entrevistas de la radio y la televisión, entre las cuales figuran la de *Donahue, Hour Magazine,* Tom Snyder y Michael Jackson. La doctora Field es empleada de base en el Centro Médico Regional de Encino-Tarzana y da consulta sobre el control del dolor y los trastornos causados por la depresión. Es miembro de la Asociación Nacional de Conferencistas e imparte conferencias sobre temas de motivación y "El enlace mente y cuerpo". (818) 708-3559.

FRAN FISHER es entrenadora profesional y personal certificada, así como presidenta de Living Your Vision [Vive tu visión] que ofrece lineamientos y entrenamiento a personas físicas y a dueños de empresas pequeñas. "Cada quien tiene un diseño divino que desea que se cumpla", dice Fran. Combina el arte de tener un objetivo, la estructura de la planificación y su capacidad intuitiva para ayudar a los clientes a lograr lo que desean de corazón. (800) 897-8707.

CAROLYN FOX está escribiendo un libro sobre su crecimiento espiritual y personal a partir de su aventura en motocicleta por los 50 estados. (514) 957-5631.

EDWENE GAINES es ministro de Unidad, conocida por sus seminarios que cambian la existencia, por ejemplo: Taller para la Prosperidad Extra; Integridad, Compromiso, Riquezas y Honor; Ritos de Pasaje; Caminar sobre Fuego; y Celebrar a la Diosa que Vive en el Interior. Para una lista de sus cintas y materiales, marque: (800) 741-6790.

PATRICIA FORBES GIACOMINI es escritora independiente y vive en Denver, CO. (303) 733-7220.

LOLA D. GILLEBAARD vive en Laguna Beach, California. Ganó el premio para escritores, de Reader's Digest, es conferencista profesional y fue presidenta de la Asocación Nacional de Conferencistas, sección Los Ángeles. Su espectáculo, que hace ella sola, *Life's Funny That Way* [La vida es chistosa así], ha sido aclamado en todo el país. Lola es humorista, profesora universitaria, autora y conferencista corporativa de renombre. Piensa que la risa va de la mano con la buena comunicación y que el humor en los negocios constituye un asunto serio. (714) 499-1968.

LYNNE GOLDKLANG tiene grado de maestría en humanidades y en ciencias y es psicoterapeuta en el ejercicio privado de la profesión en Los Ángeles. Imparte seminarios sobre el humor y la curación y está escribiendo un libro en coautoría, *Count It as a Vegetable and Move On* [Considéralo un vegetal y sigue adelante], que trata sobre estresarse menos y disfrutar más de la vida. (213) 874-5097.

ANN V. GRABER (aka Westermann) es una asesora notable. Tiene el título de maestra de la divinidad en asesoría ministerial de las diferentes religiones y un diplomado en logoterapia por el Instituto de logoterapia Viktor Frankl. En su calidad de asesora/educadora, Ann trabaja con personas y grupos usando enfoques terapéuticos centrados en el significado. Sus inspiradoras audiocintas, *Images of Transformation* [Imágenes de la Transformación] se pueden obtener llamando al (314) 947-6175.

PAM GROSS es fundadora y vicepresidenta de Career-Makers [Hacedores de carreras], empresa para la planificación de la vida y la administración de la carrera de Portland, Oregon. Es autora de *Want a New, Better Fantastic Job? (The How-to Manual for the Serious Job Seeker)* [¿Quieres tener otro fantástico empleo? (El manual de lo que debe hacer la persona que busca empleo en serio)]. Pam anda en patines, nada, lee obras de teología y ficción y le gusta el campismo en bosques con árboles añejos. (503) 244-1055.

DONNA HARTLEY imparte conferencias sobre motivación. Es conocida por *Fireborn—9 Skills for the '90s* [Bautizo de fuego: 9 habilidades para los años noventa], la historia real de su vida, presentada en PBS, y por su serie de videos *Get What You Want* [Obtén lo que deseas.] Su teléfono es (916) 581-2005.

KATHLYN HENDRICKS tiene un doctorado y un TRDA y toda la vida se ha sentido atraída por la transformación y el poder de la conciencia. Dirige el Instituto Hendricks, que organiza en Estados Unidos y Europa prácticas y talleres sobre las relaciones y la transformación en el cuerpo. Es coautora de nueve libros, entre ellos *Conscious Loving* [Amor consciente] y *At the Speed of Life* [A la velocidad de la vida] y se ha presentado regularmente en televisión nacional con su marido y socio, Gay Hendricks. (805) 565-1870.

JAN HIBBARD ha trabajado en servicios sociales, en bienes raíces y, en la actualidad, comercializa productos para el bienestar elaborados por Nikken International. Vive en Portland, Oregon, con su marido y sus dos hijos. (503) 244-5752.

CONNIE HILL es fundadora y presidenta de The Fulfillment Center, Inc., empresa dedicada a ofrecer servicios de almacenes a organizaciones, para distribuir y cumplir pedidos de productos y libros. Hill emprendió The Fulfillment Center en 1988 con 100 dólares y un cliente. En la actualidad, tiene un negocio de 4000 metros cuadrados y 25 clientes. Hill vive con su marido y sus dos hijos adolescentes en San Rafael, California. (707) 224-6161.

JEAN HOUSTON tiene un doctorado y es conocida internacionalmente como una psicóloga, académica, filósofa y maestra que ha encontrado caminos revolucionarios para destrabar las capacidades humanas latentes que hay en todo ser humano. Es autora o coautora de más de 15 libros, entre otros *Public like a Frog* [Pública como una rana]; *Life Force* [Fuerza vital]; *The Possible Human* [El humano posible]; *Godseed* [Semilla de Dios]; *The Search for the Beloved* [La búsqueda del ser querido] y *The Hero and the Goddess* [El héroe y la diosa]. También ha trabajado en desarrollo humano y cultural en más de 40 países. Su escuela de estudios espirituales, fundamentada en las escuelas ocultistas del pasado, tiene 12 años de existir. (914) 354-4965.

BARBARA MARX HUBBARD es autora y futuróloga reconocida en el mundo entero, innovadora social, conferencista, diplomática ciudadana, arquitecto social y política profética. Su vida ha sido de perseverancia y compromiso con un solo objetivo: entender, comunicar y propiciar el potencial evolutivo de la humanidad. Barbara ha escrito *The Hunger of Eve* [El hambre de Eva]; *The Evolutionary Journey* [El viaje de la evolución] y *The Book of Co-Creation: The Revelation: A Message of Hope for the New Millennium* [El libro de la cocreación: La revelación. Un mensaje de esperanza para el nuevo milenio]. Con su socio, Sidney

Lanier, ha fundado la Foundation for Conscious Evolution [Fundación para la Evolución Consciente.] Para mayor información, llame al (415) 454-8191.

SHARON HYLL es médica quiropráctica y se dedica al ejercicio privado de su profesión en Saint Louis. Se especializa en el manejo de enfermedades crónicas; en su práctica integra el cuerpo, la mente y el espíritu. También aplica mucho la acupuntura y la nutrición. Vive con su marido, dos hijastros, dos gatos, un perro y dos coches marca Volvo. (314) 256-7616.

KIMBERLY JACOBSEN es directora de Planificación del condado de Wasco, Oregon, y madre. (514) 298-5169.

JENNIFER JAMES tiene un grado de doctorado en antropología cultural y grados de maestría en historia y psicología. Es articulista del *Seattle Times* y una de la comentaristas más populares de Seattle. Conferencista conocida en todo el mundo, es autora de cinco libros, entre ellos *Success Is the Quality of Your Journey* [El éxito es la cualidad de su viaje] del que se han vendido más de 100 000 ejemplares. (206) 243-5242.

BERNIECE JOHNSON, que no es contribuidora, pero sí es mencionada en el relato "Una ángel patrullando", es oficial de policía. Espera ser la más importante cantante negra del país. (503) 240-4917.

APRIL KEMP, maestra en ciencias, ha ganado premios como conferencista en temas de motivación y como capacitadora en ventas. Es muy dinámica y tiene un estilo de presentación lleno de energía, el cual dedica a educar a diversos públicos del país. Su compañía se especializa en conferencias sobre temas básicos de motivación, así como en enseñar a las mujeres el arte de las ventas. Con su marido, April inventó un programa de computadora sobre motivación, Motivational Mind Bytes.™ (800) 307-8821.

MARLENE L. KING tiene grado de maestría en terapia artística (con mención honorífica). Es vicepresidenta ejecutiva de Exhibitron Corporation y copropietaria de FutureQuest Co. Es autora, editora e imparte seminarios y clases en el campo del trabajo de los sueños. Sus óleos basados en sueños han sido exhibidos en Planetfest, Illuminarium Galleries y Northwoods Galleries. Es miembro de la Asociación para el Estudio de los Sueños y de la Asociación Americana de Terapia Artística. (541) 471-9337.

KATHY LAMANCUSA, maestra en ciencias, escribe y presenta programas sobre el estilo de vida familiar, la creatividad y las habilidades creativas, diseñados para padres, profesores y alumnos. Ha vendido más de un millón de ejemplares de sus libros y videos, su columna es publicada en revistas nacionales e internacionales, y se presenta en televisión en los canales Discovery Channel, the Learning Channel, PBS y Home & Garden Network. Tiene su propio programa, *At Home with Flowers* [En casa con las flores], acerca de cómo seguir un estilo de vida, que se proyecta en PBS en todo el país. Para información sobre seminarios, presentaciones, libros y videos llame al (330) 494-7224.

GLADYS LAWLER es poetisa de 93 años que vive en Kansas City, Missouri.

IRENE B. LEVITT, maestra en grafología e instructora y conferencista profesional en análisis grafológicos a nivel universitario desde 1985, es presidenta electa de la Asociación Nacional de Conferencistas, sección Arizona. Ofrece análisis de documentos, análisis vocacional, investigación criminal, selección de jurados y evaluaciones de personalidad. Su especialidad es la grafología y, como tal, trabaja con adolescentes del centro de la ciudad para ayudarles a mejorar su autoestima. Es miembro de la Comisión de los Gobernadores para Prevenir la Violencia contra las Mujeres. Para solicitar su libro, *Brainwriting* [Escritura del cerebro] o su audiocinta/folleto, *A Key to Your Personality—Using Handwriting Analysis* [Una clave para descubrir su personalidad: cómo aplicar la grafología], llame al (602) 661-9199.

MARY LOVERDE, maestra en ciencias y ANP, es conferencista profesional y fundadora de Life Balance, Inc. [Equilibrio de la Vida, S. A.]. Su pasión es buscar caminos nuevos para equilibrar el éxito profesional con una familia sana y feliz. Ha producido una serie de audiocintas llamada "June Cleaver Never Fried Bacon in a Bill Blass Dress" [June Cleaver nunca frió tocino llevando puesto un vestido de Bill Blass] y es autora del libro y la videocinta *Your Family's Greatest Gift* [El mayor regalo de tu familia], que pronto saldrá a la venta. (303) 755-5806.

PHYLLIS MABRY ha publicado poesía y artículos a lo largo de los 20 años que lleva dando clases a nivel de educación media. Es juez de redacción del Consejo Nacional del Idioma Inglés y, en la actualidad, está escribiendo su primera novela. (217) 428-1166.

ANN MCGEE-COOPER, doctora en pedagogía, autora, conferencista, asesora de empresas y experta en creatividad, es una líder extensamente reconocida en el naciente campo de la ingeniería del cerebro. Su obra ha aparecido en publicaciones tan importantes como el *Chicago Tribune, USA Today,* e *International Management.* Es autora de tres libros: *Building Brain Power* [Aumente el poder de su cerebro], *You Don't Have to Go Home from Work Exhausted!* [¡No hay por qué llegar a casa agotados del trabajo!] y *Time Management for Unmanageable People* [Administración del tiempo para personas inadministrables]. Su Planificador Creativo del Tiempo se puede adquirir con Day-Timers. Usted puede llamarle al (214) 357-8550.

MARY JANE MAPES, conferencista profesional certificada, es una conferencista profesional notable y dirige algunos seminarios; se especializa en la comunicación interpersonal y en el manejo del cambio personal. Es conocida porque en sus programas presenta ideas por demás interesantes, controvertidas, que despiertan la mente y llegan al corazón. Originaria de Kalamazoo, Michigan, su teléfono es el (616) 324-1847.

DANIELLE MARIE, empresaria, asesora de empresas y autora, es presidenta de Imaginación en muchos consejos, y ayuda a las empresas a crecer de manera creativa. En su libro *Straight from the Heart* [Directo del corazón], una serie de autores, celebridades y otras personas comparten sus filosofías respecto de hacer una diferencia en el mundo. El libro inspira a los lectores a encontrar cómo pueden lograr esa diferencia. (602) 368-8526.

SHELLY MARKS, maestra en ciencias, es coautora de *Miscarriage: Women Sharing from the Heart* [Aborto: mujeres que hablan desde el fondo de su corazón]. (619) 469-6267.

ALEX MERRIN es una intuitiva capacitadora de crecimiento personal, que se dedica con pasión a apoyar a las personas para que logren una evolución consciente. Asociada superior del Instituto Hendricks, es directora del Programa de Supervisión Personal del Instituto y brinda sus servicios a personas, a parejas y a empresas. (503) 228-7784.

CONNIE MERRITT es autora y conferencista profesional, humorística y comprometida, que imparte sus conferencias en 50 ciudades al año, sobre cómo manejar a las personas difíciles, sobre el cambio y sobre cómo crear su propia empresa. En la actualidad está escribiendo tres libros: *Finding Love Again: The Over Forty Dating Survival Manual* [Volver a encontrar el amor: el manual para sobrevivir a las citas después de los cuarenta]; *Ten*

Smart Conversations to Make Your Marriage Work [Diez conversaciones inteligentes para hacer que su matrimonio funcione] y *Tame the Lions in Your Life: Dealing with Difficult People and Tough Times* [Domestique a los leones de su vida: cómo hacer frente a las personas y a los tiempos difíciles]. (714) 494-0091.

HOPE MIHALAP es autora, actriz y una personalidad de la radio, su voz aparece en cientos de comerciales en todo el país. Como conferencista profesional ha recibido el prestigiado premio Mark Twain para el Humor, ganado también por Bob Hope y otros. Es una de las 20 mujeres en el mundo que ha ganado el Premio a la Excelencia otorgado por el Consejo de la Asociación Nacional de Conferencistas. Tiene muy buen oído para captar diferentes acentos y un buen ojo para las situaciones cómicas. (804) 623-0429.

SUSAN MILES, fotógrafa y escritora, en la actualidad está estudiando para obtener un grado en terapia artística. (503) 282-6266.

ANITA CHEEK MILNER es abogada, humorista y cómica. Se inscribió en la Escuela de Derecho cuando tenía más de 40 años, aprobó el examen de la barra de abogados de California a los 50, y es conocida como "La abogada del cambio de vida". Anita pronuncia conferencias de temas importantes para grupos a lo largo y ancho de Estados Unidos, presentando "Ríe y conserva la salud". (800) 747-9130.

JANN MITCHELL es colaboradora de *The Oregonian*, de Portland. Ha recibido premios nacionales por sus artículos sobre aspectos sociales, temas de fondo, humor y salud mental. Su popular columna de los domingos "Relaciones", presenta información sobre nuestras relaciones con otros y con nosotros mismos. Es autora de cuatro libros: *Codependent for Sure* [Codependiente seguro]; *Organized Serenity* [Serenidad organizada]; *Home Spiritual Home* [Hogar, espiritual hogar] y *The Holiday Survival Guide* [Guía para sobrevivir a las vacaciones]. También imparte conferencias sobre el desarrollo personal. (503) 221-8516.

MARY MANIN MORRISSEY tiene grado de maestría en psicología. Su público cada vez más numeroso en todo el mundo es un tributo a sus conferencias inspiradoras y a su ministerio educativo. Es asesora y dirige seminarios que llegan a miles de personas cada año, como fundadora y líder espiritual del Centro para el Enriquecimiento de la Vida, con frecuencia considerado el modelo de Iglesia para el Siglo XXI. Es autora de *Building Your Field of Dreams* [Construya su campo de sueños]. (503) 682-5683.

MARGUERITE MURER es educadora, conferencista profesional y autora de obras de inspiración. Sus ponencias, seminarios y talleres sobre temas clave son conocidos por su electrificante interacción y sus descubrimientos explosivos sobre conocimiento interior. (817) 273-5234.

WENDY NATKONG trabaja como paramédica en Juneau, Alaska. Es escritora independiente, en la actualidad está realizando su segunda novela. (907) 789-7825.

SHERYL NICHOLSON es presidenta de su propia empresa de asesoría, More Than Survival! [¡Más que sobrevivir!]. "Regalos del corazón" es un extracto editado, obtenido de su seminario, publicado en abril de 1991 en *Esteem*. Usted puede llamarla al (813) 684-3076.

MARY OMWAKE ha sido ministra superior de la Iglesia de la Unidad de Overland Park, en Kansas, desde 1989. Bajo su dirección, la congregación ha pasado de menos de 200 miembros a más de 1 500. Antes de asistir a la escuela para ministros, Mary obtuvo una licenciatura en psicología en la Universidad Estatal de California en Irvine y realizó estudios de posgrado en pedagogía en la Universidad de California. El Programa de Alcance de la Iglesia ha llegado a más de 2 500 niños, muchachas adolescentes del centro de la ciudad y pandilleros; también atiende a 2500 adultos en casas hogar y refugios para personas que han padecido abuso sexual. (913) 649-1750.

ROSITA PEREZ, autora de *The Music Is You* [Tú eres la música], ha recibido el Premio a la Excelencia del Consejo de Compañeros, fue nombrada Conferencista del Año por la Asociación Nacional de Administradores y ha recibido los dos premios más codiciados que otorga la Asociación Nacional de Conferencistas. Cambió de carrera a los 40 años, cuando tomó su guitarra y decidió que podía hacer programas llenos de sentido para transformar la vida usando la música y la sinceridad personal desde arriba del podio. Su enfoque, que consiste en aplicar el sentido común y el humor ha hecho que se le describa como "revitalizadora" en convenciones nacionales en todo el mundo. (352) 376-0133.

PENELOPE PIETRAS es escritora independiente y editora en Colorado. Encabeza talleres sobre cómo escribir memorias y, en la actualidad, está escribiendo una novela. (303) 791-3981.

DIANN ROCHE es agente de artistas y fotógrafos comerciales. Aun cuando su sede está en Kansas City, representa a estas talentosas personas en todo el país. La meta de Diann es despertar la integridad y la paz en todas las personas que conoce o con quienes habla. (816) 822-2024.

BARBARA ROGOFF es escritora y cocreadora de un taller para adultos que han sobrevivido al abuso, "Beyond Survival into Triumph" [Superar la supervivencia para llegar al triunfo]. Es ministra en una cárcel e incorpora técnicas para calmar el caos, encontrar esperanza en el momento presente y, con ello, alcanzar la libertad personal. Vive en Stilwell, Kansas, con Gary, su marido, quien es mejor amigo desde hace 19 años. (913) 897-7250.

PATTY ROSEN es escritora, conferencista, facilitadora, asesora e instructora de esquí nórdico. Trabajó como enfermera titulada y practicante certificada de enfermería; también fue directora clínica de una sección de Paternidad Planificada y Planificación Familiar de la Liga Urbana. Fue patrocinadora del referéndum para la Muerte con Dignidad, realizado en Oregon. (541) 389-7280.

HARRIET ROTH, maestra en pedagogía, es instructora de mensajes infantiles por medio de la International Loving Touch Foundation, Inc. [Fundación Internacional para un Toque de Amor, S. A.]. Se basa en su experiencia de 28 años como profesora de jardín de niños y primer grado, con su maestría en educación y su certificado de educación a la primera infancia. A Harriet le fascina enseñar a los niños. (503) 520-0352.

MARY MURRAY SHELTON es ministra superior de la Iglesia de Ciencias Religiosas, de Huntington Beach, en el sur de California; es decana y directora del Instituto Holmes: Una Escuela de Posgrado para Estudios sobre la Conciencia. Ha sido ministra desde 1986 y, en la actualidad, forma parte del Consejo Internacional de Fideicomisarios de la Iglesia Unificada de Ciencia Religiosa. Originalmente con formación para el teatro, recurre a contar historias como uno de los caminos para transmitir mensajes de la verdad en los términos de la vida real para nuestra vida diaria. (714) 969-1331.

JOANNA SLAN es madre, esposa y conferencista profesional. Usted puede encontrarla cerca, en los botes de basura o sobre el escenario, haciendo presentaciones para grupos grandes y pequeños. Joanna habla de temas que aún tiene que conocer a fondo: cómo equilibrar la vida de uno, la comunicación, cómo divertirse y cómo coexistir pacíficamente con personas difíciles. Mientras tanto, espere el libro de Joanna: *If Mama Ain't Happy, Ain't Nobody Happy: How Women and Their Families Can Live Life with More Joy and Less Stress* [Si mamá no está contenta, nadie está contento: cómo pueden las mujeres y sus familias vivir la vida con más alegría y menos tensión]. (800) 356-2220.

JODY MILLER STEVENSON, autora de *Soul Purpose* [Propósito del alma] y de *Solutions* [Soluciones], se basa en su experiencia de más de 20 años en enseñar a miles de personas en todo el país a "descubrir su objeto único y especial para existir". Su especialidad es ayudar a otros a crear y a manifestar su visión personal, al mismo tiempo que dominan el proceso de transición. Le encanta adiestrar a las personas para que despierten a su potencial y a su pasión personal. En la actualidad, Jody es asesora privada, imparte conferencias en todo el país y dirige seminarios sobre expresión creativa. (503) 977-2235.

SUZY SUTTON, conferencista profesional certificada, es conferencista, capacitadora y animadora. Actriz que trabaja en películas y comerciales de TV, produjo y dirigió un programa de radio y televisión en Filadelfia, *We Can't Stop Now* [No podemos detenernos ahora], durante 16 años. Es autora de *Practical Steps to Speaking Up and Out* [Pasos prácticos para expresar lo que usted siente] y coautora de *Build a Better You* [Trabaja por superarte]. (215) 493-4766.

LINDA ROSS SWANSON es escritora independiente y, con frecuencia, publica ensayos y poemas. "Si no malgastas, no pasarás privaciones" es una parte tomada de su libro, próximo a salir, que es una colección de ensayos y viñetas sobre su vida con su madre, una maniaco-depresiva. (503) 292-4755.

MARI PAT VARGA es conferencista profesional y dirige talleres especializados en comunicación interpersonal, habilidades para las presentaciones y rendimiento máximo. Mari Pat ha inspirado, entretenido y retado a públicos integrados por empresarios desde 1985. (312) 989-7348.

AGRADECIMIENTOS

Envío mi más profundo agradecimiento a las colaboradoras de este libro. Su entusiasmo individual y colectivo, así como su disposición a contar sus relatos preferidos y alentadores, crearon la belleza contenida en él.

Muchas gracias y saludos cariñosos a mi agente, Maureen Walters, y a mi editora, Becky Cabaza, por la facilidad con la que fluyó este proyecto. Mi más profunda gratitud para el consejo que la revisó: Clara Harwood, Ginny Warren y Phyllis Weter. Su amor al proyecto y el apoyo que me brindaron, así como su objetividad, aportaron una perspectiva única y un "gusto" personal a los relatos que, en su opinión, tendrían más efecto en los lectores. Los relatos que me ayudaron a seleccionar representan una muestra de experiencias que serán fuente de inspiración para las mujeres de todo el país.

También quiero agradecer a Patty Rosen por su amistad y su bello trabajo editorial; a las conferencistas en temas de motivación Maggie Bedrosian, Joanna Slan, Linda Blackman y April Kemp por su aliento y sugerencias; a la escritora Penny Pietras por su capacidad para añadir ternura a un relato; a Mary Omwake y a Barbara Rogoff, en quienes empezó todo. Gracias especiales a Kathie Borstel, Linda Kemp, Marilyn Guldan, Ursula Bacon, Carole Greenberg, Karen Howells, Janet Reigel, Cathy Kinnaird, Karen Weight, M. J. Evans, Debbie Rosas y Rev. Bruce Robinson por su apoyo, retroinformación y amistad. Gracias a mi familia, especialmente a papá, por tener interés suficiente como ¡para leer cada relato!

No todos los cientos de relatos enviados forman parte de este libro, pero todos me llegaron al corazón. Estas son las mujeres a las que quiero rendir un tributo especial:

- Jane Adams perdió a su hija Susan, de doce años, en un trágico accidente automovilístico. Seis años después, la invitaron para que hablara en la ceremonia de graduación de bachillerato del grupo de Susan. Esta invitación brindó a Jane la ocasión de volver a ser la mamá de Susan, en un tono más positivo.
- Diane Hunsaker no desconoce las penurias. Quedó huérfana desde muy joven, pero aprendió que la *determinación* es la diferencia para hacer las cosas. Ya casada, con todo y familia, Diane quería asistir a la universidad. Volvió a los estudios mientras trabajaba de tiempo completo. Diane asistió a clases durante 14 años, una hora al día, ¡en el tiempo de que disponía para comer! Se graduó, recientemente, a los 50 años y ahora está estudiando una maestría; en esta ocasión asiste a clases nocturnas.
- Sandra "Kandy" Mandel estaba escribiendo su relato cuando murió de cáncer. Todos los que la conocieron echan de menos su valor, su compasión por los demás y su dulce espíritu.

Un aplauso para mi marido, Eric. Su claridad de rumbo, visión y valores continúan siendo fuente de inspiración para mí. Es mi compañero para la vida y mi profesor. Gracias, Eric, por quererme, alentarme y creer en mí.

El premio mayor de compilar este libro ha sido la nueva amistad establecida con 68 mujeres de todo el país. Respeto y admiro su trabajo; me honra tener sus relatos en *Chocolate para el alma de la mujer.*

RECONOCIMIENTOS POR PERMISOS

"A Legacy of Love" es una versión editada de "A Mother's Un-expected Legacy of Love". Reproducido de la revista *Miracles*, con autorización de la doctora Joan Borysenko.

"Hot Dog! Thou Art!" es un extracto reproducido con auto-rización de The Putnam Publishing Group/Jeremy P. Tarcher, Inc., de *The Possible Human*, de Jean Houston. Copyright © 1982, de Jean Houston.

"Flower Power" es un extracto de *The Music Is You*, Knox Pub-lications, con autorización de Rosita Perez, CPAE.

"Gifts of the Heart" es un extracto editado de la revista *Esteem*, con autorización de Sheryl Nicholson.

"Thanks for the Miracle, Sis" es una reimpresión de la columna "Relating", *The Oregonian*, con autorización de Jann Mitchell.

"Grace" es una reimpresión de *Success Is the Quality of Your Journey*, Newmarket Press, con autorización de la doctora Jen-nifer James.

Gratifícate a ti misma con estos deliciosos chocolates

0-684-87084-3, $12.00